Vorwort

Die traditionelle Notenschrift ist die „Sprache" der Musik. Die Beherrschung dieser Sprache ist für Musiker und Musikinteressierte von unschätzbarem Wert. Sie ermöglicht nicht nur ein tieferes Verständnis musikalischer Vorgänge, sondern kann auch die Entwicklung der eigenen Kreativität in hohem Maße fördern.
Dieses Buch soll in die elementaren **Grundlagen** der traditionellen Musiktheorie einführen. Es richtet sich sowohl an Musikinteressierte, als auch an Anfänger oder an fortgeschrittene Musiker, die bisher um theoretische Zusammenhänge einen Bogen gemacht haben.
Dabei kann und soll diese *Elementare Musiklehre* das Gebiet der Musiktheorie nicht vollständig und bis ins Detail behandeln. Vielmehr soll dieses Buch dem Interessierten einen einfachen Einstieg in das Studium dieses großen Teilgebietes der Musik ermöglichen. Bei entsprechendem Interesse kann dieses Studium in beinahe beliebigem Umfang weitergeführt und die Kenntnis der Musiktheorie vertieft werden.
Nach dem Studium dieses Buches soll der Leser in der Lage sein, die wesentlichen Zeichen und musikalischen Vorgänge eines beliebigen Stückes in traditioneller Notation zu lesen und zu verstehen.

Die *Elementare Musiklehre* wird durch einen Anhang ergänzt, der den behandelten Stoff in übersichtlichen Tabellen zum schnellen Nachschlagen enthält. Einige Themen, die im Buch selbst aus Gründen der Übersichtlichkeit nur exemplarisch besprochen werden können (beispielsweise die verschiedenen Taktarten und die Notenschlüssel) werden im Anhang ausführlicher aufgeführt. Dieses Vorgehen soll eine Überlastung des Lernenden verhindern. Einige Kapitel wurden zudem zum besseren Verständnis mit Beispielen und Tipps erweitert.
Besonders wichtige Sachverhalte sind grau hinterlegt. Außerdem finden sich im Anhang einige einführende Literaturhinweise für ein weiteres Studium.

Viel Spaß!

Jeromy Bessler / Norbert Opgenoorth

Inhalt

Elementare Musiklehre

Jeromy Bessler
Norbert Opgenoorth

FÜR ANFÄNGER UND FORTGESCHRITTENE

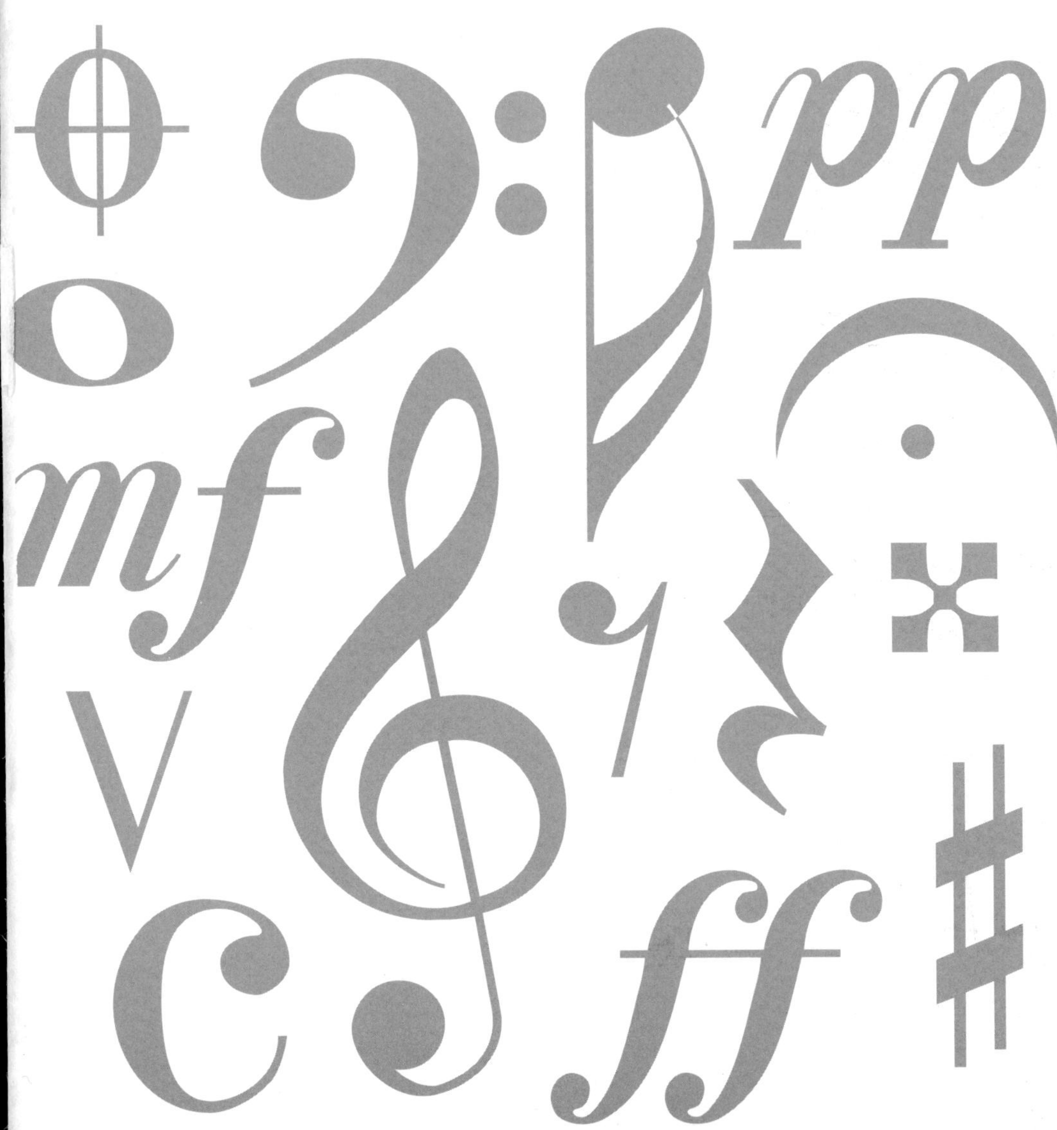

Satz, Layout und Covergestaltung: B & O

Wittfelder Stich 1, D-53343 Wachtberg
www.voggenreiter.de

Telefon: 0228.93 575-0

Auflage 2023

ISBN: 978-3-8024-0348-4

3. Vortragsbezeichnungen 33

4. Intervalle und Tonleitern 39

1. Die Notenschrift

Die Noten

Ein musikalischer Ton hat mehrere physikalische Eigenschaften. Die beiden wichtigsten dieser Eigenschaften sind:

- die **Tonhöhe** *wie hoch oder wie tief ein Ton gesungen oder gespielt wird* und
- die **Tondauer** *wie lange ein Ton erklingt.*

Beide können mit Hilfe der Notenschrift genau angegeben werden. Die Notenschrift verwendet für die Darstellung dieser Eigenschaften besondere Zeichen, die sogenannten Noten (lat. *nota* = Zeichen).

Die Noten lassen sich mit den Buchstaben des Alphabets vergleichen. Genau wie in der geschriebenen Sprache können auch bei der Notenschrift einige wenige Grundzeichen zu immer neuen Kombinationen zusammengefügt werden.

Noten bestehen aus zwei einzelnen Teilen: dem **Notenkopf** und dem **Notenhals**.

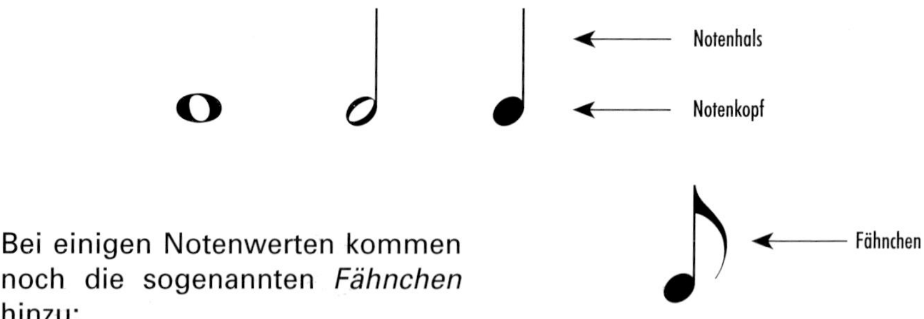

Bei einigen Notenwerten kommen noch die sogenannten *Fähnchen* hinzu:

> Die verschiedenen Formen des Notenkopfes und ihre Kombination mit einem Notenhals geben Aufschluss über die **Tondauer.**

Damit die Noten in der richtigen Reihenfolge gelesen werden können, werden sie in ein **Notensystem** geschrieben, sie werden *notiert*. Dieses Notensystem besteht aus fünf horizontalen Linien und wird von links nach rechts gelesen, genau wie eine Textzeile.
Im Notensystem können Noten genau auf den Linien oder in den Zwischenräumen der Linien stehen:

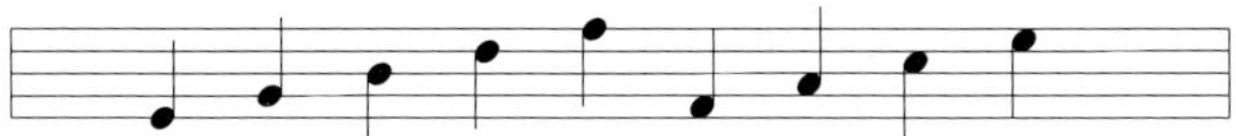

Der **Notenhals** zeigt nach oben, wenn die Note unterhalb der dritten Notenlinie steht. Steht die Note auf oder über der dritten Notenlinie, zeigt der Notenhals nach unten (die Note wird „nach unten gehalst").

Die Tonhöhe lässt sich daran ablesen, auf welcher Linie oder in welchem Zwischenraum eine Note (genauer: der Notenkopf) steht:

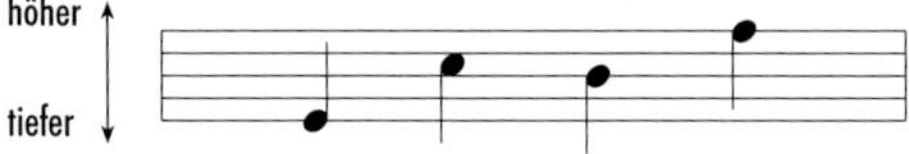

Die Note auf der obersten Linie klingt am höchsten, die auf der untersten ist der tiefste Ton. In diesem Beispiel ist also die zweite Note höher als die erste und die dritte, aber tiefer als die vierte.

Hilfslinien

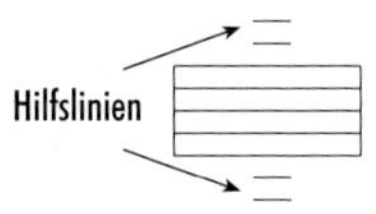

Um Noten aufzuschreiben, die für das Notensystem zu hoch oder zu tief sind, verwendet man **Hilfslinien**.
Mit den Hilfslinien wird angezeigt, wie weit eine Note über oder unter dem eigentlichen Notensystem liegt.

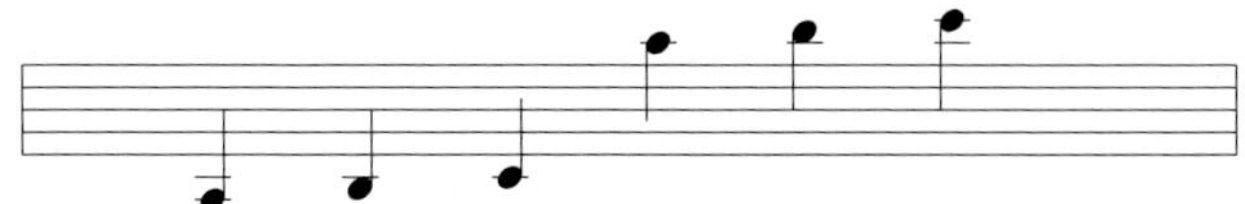

Um zu viele Hilfslinien zu vermeiden, werden hohe Töne häufig eine Oktave (s. S. 40) tiefer notiert als gespielt.
Dies wird durch das **Ottava**-Zeichen angegeben:

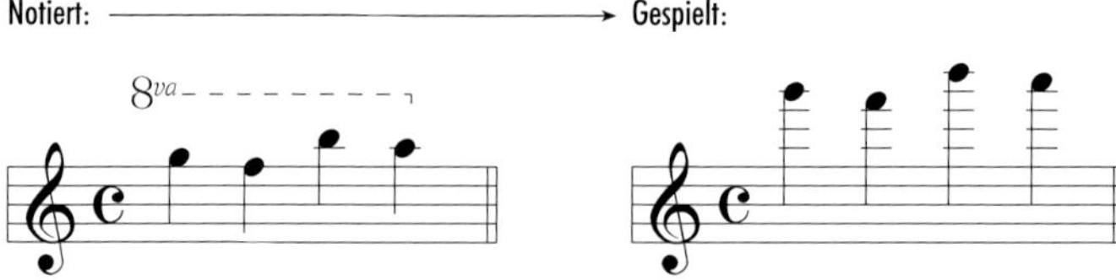

Sehr tiefe Töne werden durch das **Ottava-bassa**-Zeichen leichter lesbar notiert:

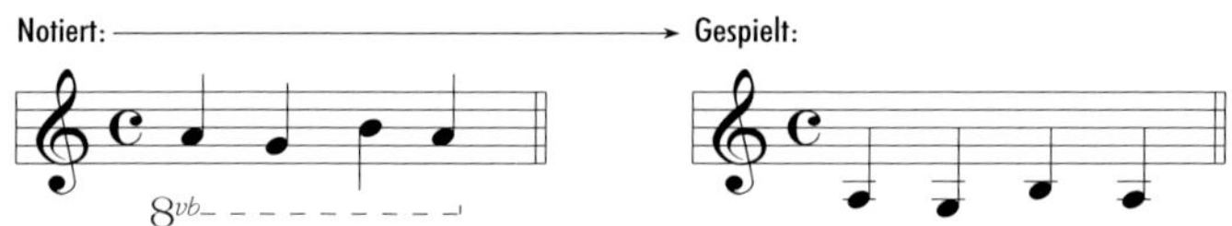

Die Akkolade

Für bestimmte Instrumente (z. B. das Klavier) werden zwei oder mehrere Notensysteme gleichzeitig benötigt. Um die Zusammengehörigkeit dieser Notensysteme anzuzeigen, werden sie mit einer Klammer, der sogenannten **Akkoladenklammer** (oder kurz **Akkolade**) verbunden. Hierbei werden die Taktstriche durch alle verbundenen Systeme hindurchgeführt:

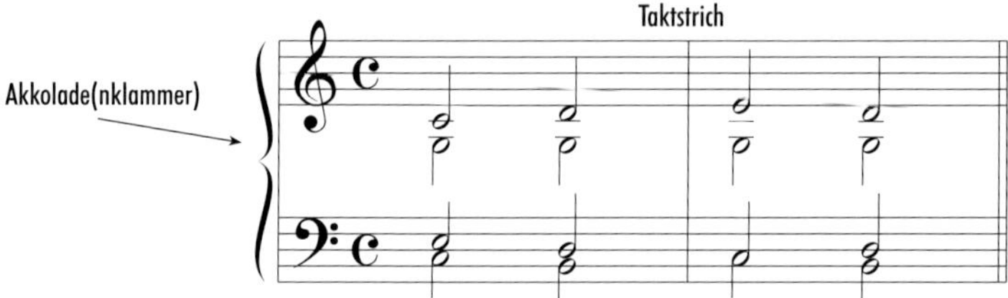

Bei Werken für Orchester werden alle Stimmen untereinander notiert. Einzelne Stimmgruppen (z. B. die Streichinstrumente) werden dabei mit Akkoladen und durchgezogenen Taktstrichen zusammengefasst.
Orchesternoten werden auch als **Partitur** bezeichnet.

Die Stammtöne

Jeder Ton trägt einen Namen, der dem Alphabet entstammt. Das „Noten-Alphabet" besteht allerdings nur aus 7 Zeichen. Außerdem ist die Reihenfolge der Buchstaben (im Vergleich zum „normalen" Alphabet) anders:

c d e f g a h

Diese sieben Töne sind die sogenannten **Stammtöne**.
Sie entsprechen genau den weißen Tasten auf der Klaviertastatur.

Die Notenschlüssel

Damit beim Aufschreiben von Noten keine Missverständisse entstehen, muss definiert werden, welcher Ton auf welcher Linie im Notensystem steht. Diese Aufgabe übernimmt der **Notenschlüssel**. Er steht am Anfang des Notensystems. Es gibt verschiedene Notenschlüssel, die beiden wichtigsten sind der **Violin-** und der **Bass-Schlüssel**:

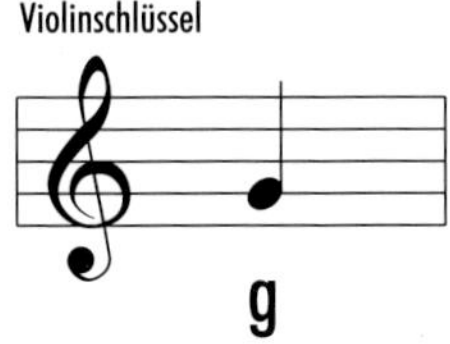

Der **Violinschlüssel** wird häufig auch **G-Schlüssel genannt**, da er die Position des Tons g anzeigt. Dieser Ton wird auf der zweiten Linie (von unten) notiert. Um diese Linie herum windet sich die innere Spirale des G-Schlüssels.

Der zweite wichtige Schlüssel ist der **Bass-Schlüssel**:

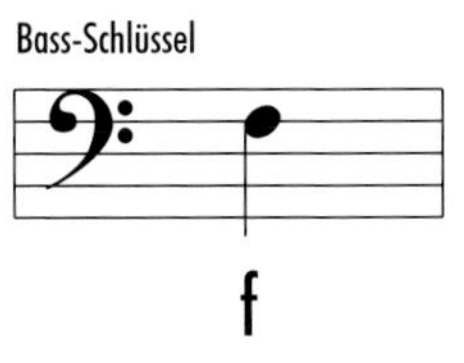

Dieser Schlüssel wird deshalb Bass-Schlüssel genannt, weil mit ihm die Bass-Instrumente des Sinfonie-Orchesters notiert werden.
Der Bass-Schlüssel ist ein **F-Schlüssel**. Er wird überall dort verwendet, wo die Notation eines Instrumentes im Violinschlüssel viele Hilfslinien erfordern würde. Er gibt die Lage des Tones f an: auf der zweiten Notenlinie (von oben), zwischen den beiden Punkten des Bass-Schlüssels.
Eine Übersicht über weitere wichtige Notenschlüssel befindet sich im Anhang.

Die sieben Stammtöne werden in ihrer Reihenfolge auf die Linien und Zwischenräume des Notensystems verteilt.
Dabei wird der G-Schlüssel zur Orientierung verwendet:

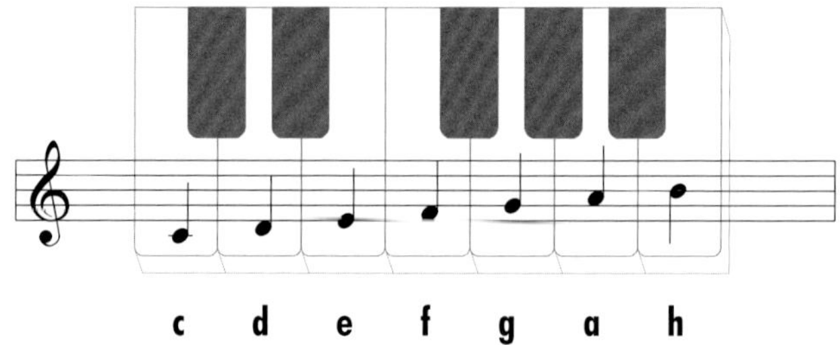

Die Stammtonreihe wiederholt sich auf der Klaviertastatur mehrmals. Um diese Wiederholungen voneinander unterscheiden zu können, werden die Notennamen der einzelnen Wiederholungen durch **Striche** näher bezeichnet.
Das Schlüssel-c (benannt nach seiner Lage am Schloss der Klaviertastatur) ist das c′ (sprich: eingestrichenes c). Nach ihm erhält die Reihe der Stammtöne von c′ – h′ den Namen **eingestrichene Oktave**. Die nächste Wiederholung der Stammtonreihe erhält zwei Striche und heißt **zweigestrichene Oktave** usw.:

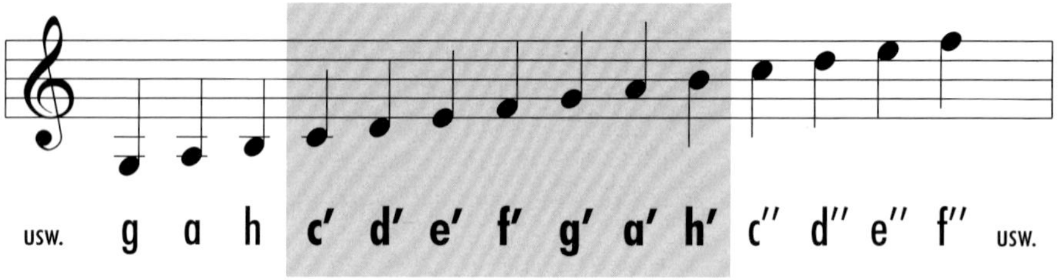

Die Oktavbereiche unterhalb der eingestrichenen Oktave werden abweichend benannt. Es sind im einzelnen:

- die **kleine** Oktave (mit **Klein**buchstaben bezeichnet: c – h)
- die **große** Oktave (mit **Groß**buchstaben bezeichnet: C – H)
- die **Kontra-Oktave** (mit tiefgestellten Indexziffern: $C_1 – H_1$)
- die **Subkontra-Oktave** (mit tiefgestellten Indexziffern: $C_2 – H_2$)

Eine ausführliche Übersicht befindet sich im Anhang.

Die Versetzungszeichen (Akzidentien)

Halbton und Ganzton

- Den Abstand von einer Taste des Klaviers zur nächsten (egal ob schwarz oder weiß) bezeichnet man als einen **Halbton**. Ein Halbton ist der kleinste Tonhöhenunterschied der abendländischen Musik. Geht man von c′ aus 12 Halbtöne nach oben, kommt man zum c″. (Erst im 20. Jahrhundert hat man das System um kleinere Einheiten erweitert, die jedoch eher theoretischen Charakter haben und für die Musikpraxis kaum eine Rolle spielen.)
- Ein **Ganzton** ist doppelt so groß wie ein Halbton. Auf der Klaviertastatur entspricht ein Ganzton der Entfernung von zwei Tasten (= zwei Halbtönen), zum Beispiel von c′ nach d′.

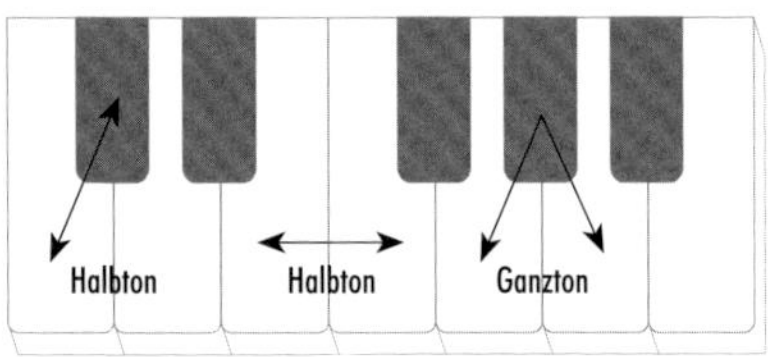

Zählt man die weißen und die schwarzen Tasten zusammen, so erhält man von c′ bis h′ zwölf Töne. Der dreizehnte ist dann das c″. Die Töne, die zu den weißen Tasten gehören, sind die Stammtöne.

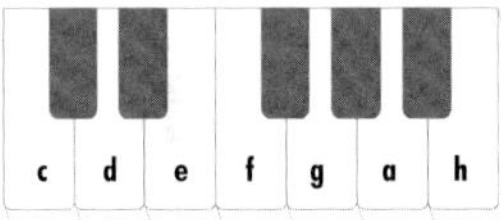

♯ und ♭

Die Stammtöne entsprechen den weißen Tasten auf der Tastatur. Sie werden im Notensystem auf die Linien und in die Zwischenräume geschrieben.
Für die Töne der schwarzen Tasten kommen keine neuen Noten oder Buchstaben hinzu. Es werden stattdessen die Stammtöne durch ein **Versetzungszeichen** (oder **Vorzeichen**) um einen Halbton erhöht oder erniedrigt.

Der Fachbegriff für **Versetzungszeichen** (oder Vorzeichen) ist **Akzidenz.**

Erhöhung eines Tones um einen Halbton

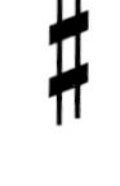

„Kreuz"

Schreibt man vor eine Note ein ♯ (sprich: Kreuz), so wird dieser Ton um einen Halbton erhöht. Bei der Bildung des Tonnamens wird an den Buchstaben des Ausgangstons die Silbe *-is* angehängt. Aus c wird dann cis, aus d wird dis usw.

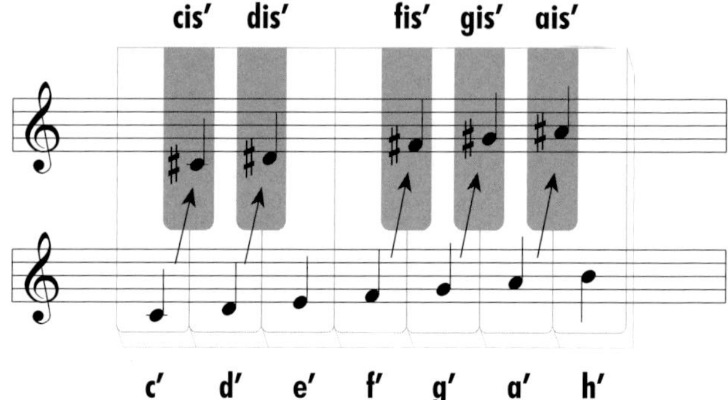

Erniedrigung eines Tones um einen Halbton

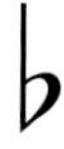

„Be"

Wenn vor einer Note ein ♭(sprich: Be) steht, so wird dieser Ton um einen Halbton erniedrigt.
An den Buchstaben des Ausgangstons wird die Silbe *-es* angehängt. Es gibt für diese Regel drei Ausnahmen: Das e wird zum es, das a zum as und das h zum b.

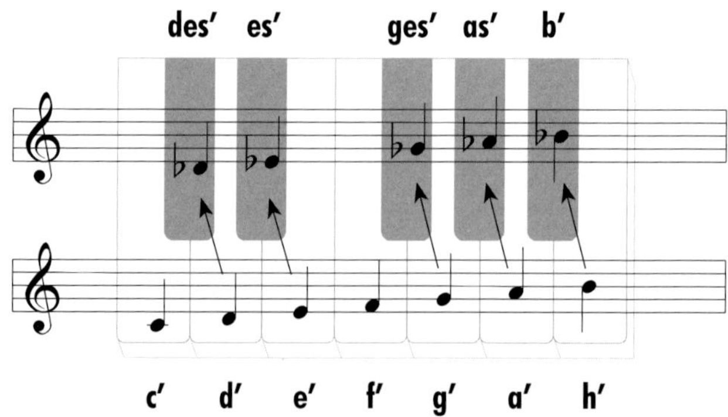

Zur Übersicht zeigt die folgende Grafik einen Ausschnitt aus der Klaviertastatur mit den dazugehörigen Notennamen. Die schwarzen Tasten haben jeweils zwei Namen, da Ihre Notennamen entweder von dem Namen des höheren oder dem Namen des tieferen Tons abgeleitet werden können.

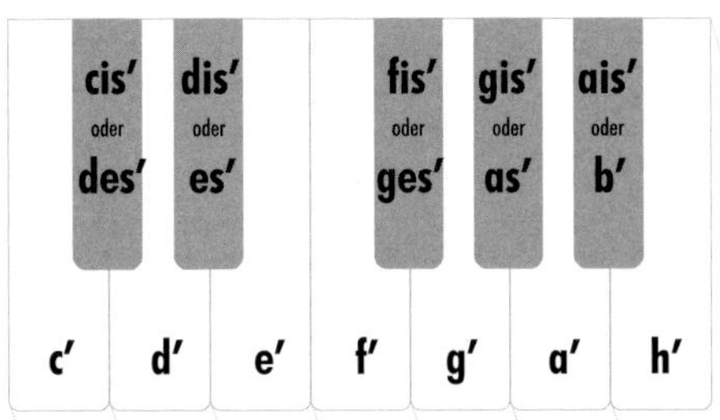

Den Tonnamen h gibt es **nur** in der deutschen Sprache. Die englische Schreibweise für den Ton h ist B, das (deutsche) b entspricht dem (englischen) B♭.
In diesem Buch werden nur die deutschen Tonnamen verwendet.

deutsch		englisch
h	➡	B
b	➡	B♭

Das Auflösungszeichen

Die Versetzungszeichen ♭ und ♯ gelten immer innerhalb des Taktes, in dem sie stehen. Man kann erhöhte oder erniedrigte Noten durch ein Auflösungszeichen wieder zurückverwandeln.
Wird z. B. ein f zum fis erhöht, erhöht sich automatisch jedes nachfolgende f zum fis. Möchte man nun wieder ein f hören, so muss das ♯ durch ein ♮ wieder aufgelöst werden. Das fis wird dadurch wieder zum f.

♮

Auflösungszeichen

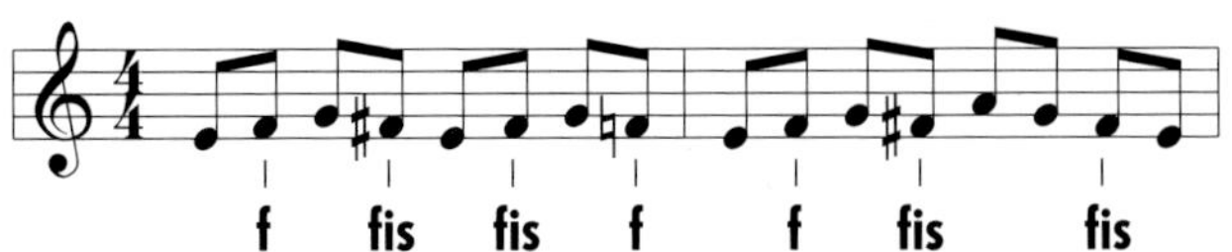

Doppelte Versetzungszeichen (𝄫 und 𝄪)

Mit den drei Akzidentien (♯, ♮ und ♭) gibt es folgende Möglichkeiten, einen Ton zu **alterieren** (abzuwandeln):

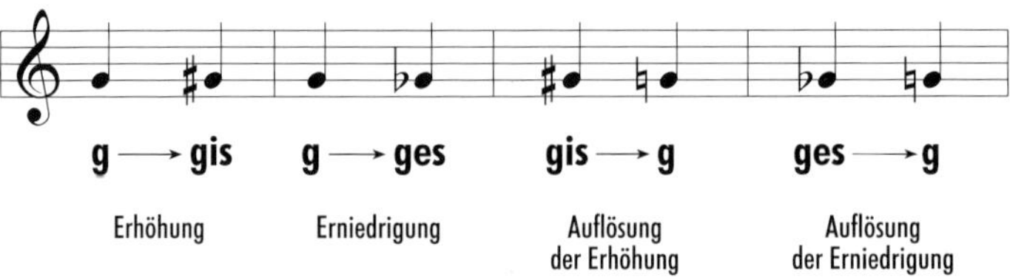

Für die Erhöhung bzw. Erniedrigung eines Tones um zwei Halbtöne werden das **Doppel-Kreuz** (𝄪) und das **Doppel-Be** (𝄫) verwendet. An den Tonnamen werden die Silben *-isis* bzw. *-eses* angehängt

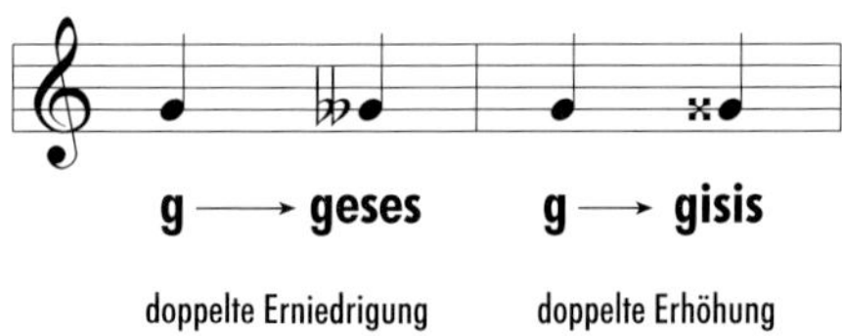

Mit Hilfe von Doppel-Kreuz und Doppel-Be kann jede Taste des Klaviers als Erhöhung bzw. Erniedrigung eines Stammtones betrachtet werden:

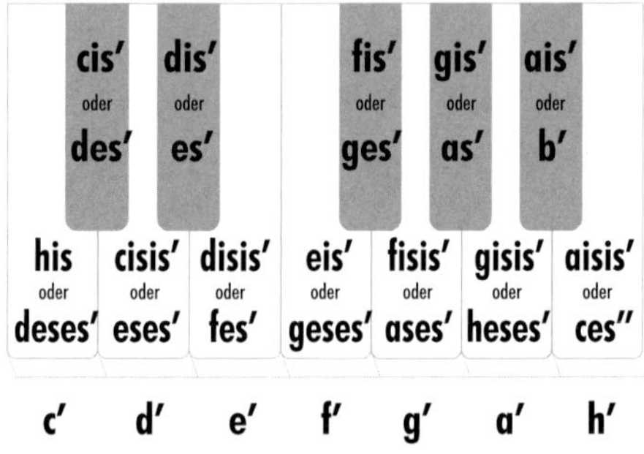

> Unter bestimmten Umständen sind die verschiedenen Namen ein- und desselben Tones (z. B. Fis und Ges) untereinander austauschbar. Diesen Vorgang bezeichnet man als **enharmonische Verwechslung.**

2. Notenwerte und Takt

Musik ist eine Kunst, die sich in der Dimension der Zeit abspielt. Die zeitliche Gliederung eines Musikstücks wird durch verschiedene Faktoren bestimmt. Grundlage ist ein regelmäßiger Puls, eine gleichmäßige Folge von Schlägen.
Auf diesen Schlägen werden wie auf einem Raster die Notenwerte plaziert. Durch die Plazierung von Tönen verschiedener Länge auf diesem Raster entsteht ein **Rhythmus**. Damit ist der Rhythmus jedoch nicht vollständig definiert, es fehlt das Metrum.
Der Begriff **Metrum** stammt aus der Dichtung und bezeichnet eine Folge von betonten und unbetonten Silben. Ebenso wird in der Musik verfahren: Die Schläge des Grundrasters werden zu einer Gruppe, dem **Takt** zusammengefasst (z. B. 4 Schläge), innerhalb des Taktes werden ihnen verschiedene Betonungen zugewiesen. Durch die Folge von Takten mit gleichen Betonungen entsteht dann ein gleichmäßiges Metrum. Dieses (oft nur gedachte, nicht real erklingende) Metrum steht im Wechselspiel mit den gespielten Noten- und Pausenwerten.

Die Noten- und Pausenwerte

Neben der Tonhöhe ist die **Tonlänge** oder **Tondauer** die zweite wichtige physikalische Eigenschaft eines musikalischen Tones.
In der Musik sind Tondauern **keine absoluten**, sondern **relative** Werte. Das bedeutet, die Dauer eines Tones wird nicht mit einem festen Zeitwert (z. B. in Sekunden) angegeben, sondern im Verhältnis zur Dauer anderer Töne (z. B. „dieser Ton hat die halbe Tondauer des vorhergehenden"). Das bedeutet aber auch, dass sich die genaue Länge eines Tones erst bestimmen läßt, wenn das Tempo des gesamten Stückes bekannt ist.
Auch über die Tondauer gibt die Notenschrift genaue Auskunft. Der sogenannte **Notenwert** gibt die Tondauer einer Note im Verhältnis zu den anderen Noten desselben Musikstückes an. Dies geschieht durch die Form der einzelnen Note.
Für jeden Notenwert gibt es eine entsprechende **Pause**, für die Dauer dieser Pause wird nichts gespielt oder gesungen.

Die Grafik zeigt die wichtigsten Noten- und Pausenwerte in der Übersicht:

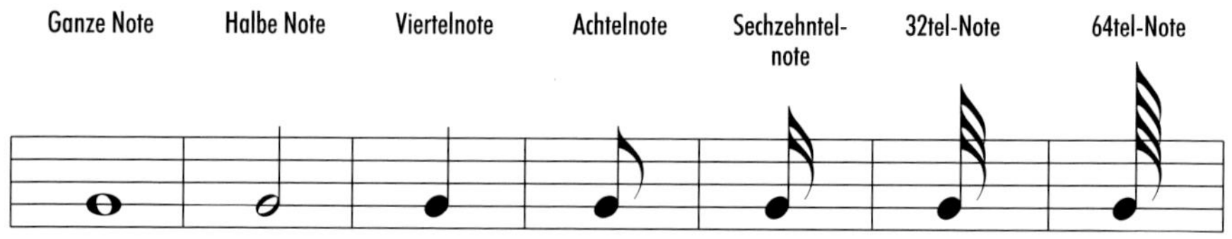

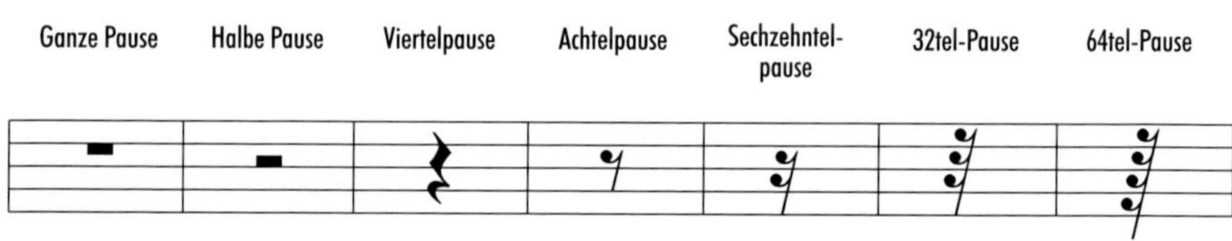

Kleinere Notenwerte (128-tel; 256-tel etc.) sind theoretisch möglich, in der Praxis aber sehr selten.

Sowohl bei Noten- als auch bei Pausenwerten wird der nächstkleinere Wert durch **Zweiteilung** des größeren gebildet. Die Tabelle zeigt das Verhältnis der einzelnen Notenwerte zueinander:

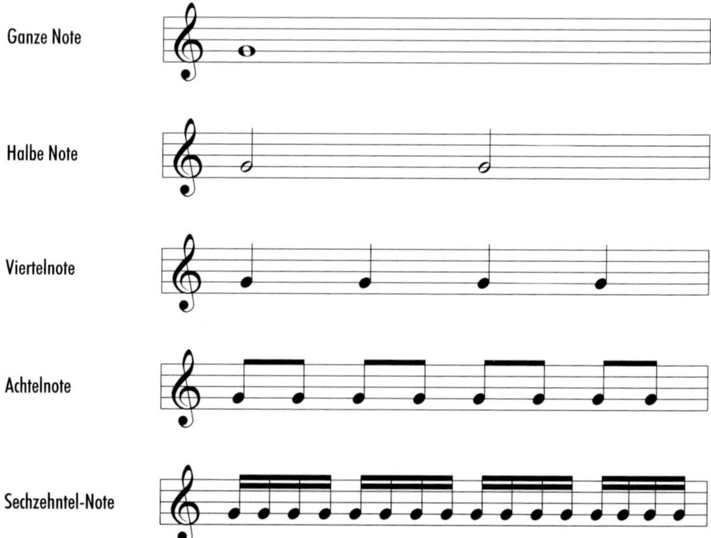

Für alle Notenwerte, die kleiner als die Viertelnote sind, gilt: Mehrere aufeinanderfolgende Noten können der besseren Lesbarkeit wegen unter einem Balken zusammengefasst werden („verbalkt werden"). Die Zahl der Balken entspricht hierbei der Anzahl der Fähnchen. Es können auch verschiedene Notenwerte miteinander verbalkt werden:

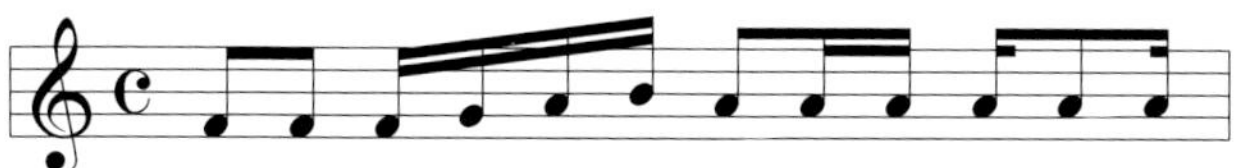

Hinweis:
- Pausen werden nicht verbalkt.
- Eine Ausnahme bei der Verbalkung der Notenwerte ist die Vokalmusik. Hier werden Notenwerte immer den Textsilben entsprechend (syllabisch) verbalkt.

Spezielle Pausenzeichen

Wenn ein Instrument in einem Musikstück über mehrere Takte hinweg pausieren soll, wird dies oft mit besonderen Zeichen notiert.

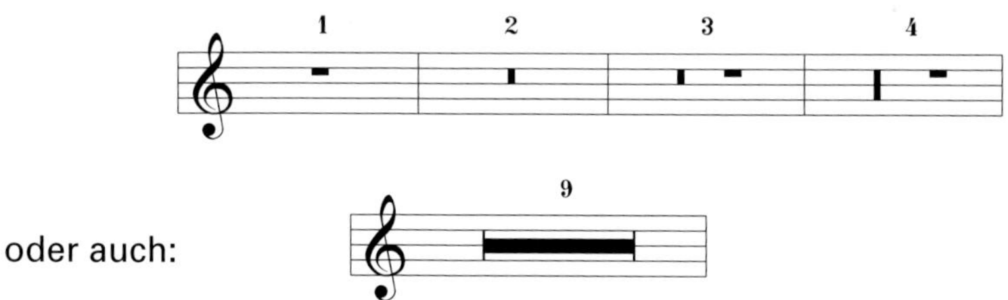

General-Pause: Pausieren alle Instrumente bzw. Stimmen, wird dies durch das Zeichen G. P. angegeben. Um die Wirkung einer Generalpause zu verstärken, wird sie oft mit einer Fermate (S. 20) kombiniert.

Mehrtaktige Pausen gehören zu den **Abbreviaturen** (Abkürzungen).

Die Fermate

Erhält eine Note eine Fermate (oder auch „Haltezeichen"), bedeutet dies, dass der Musiker den betreffenden Ton gemäß seiner eigenen Vorstellung etwas länger als seine tatsächliche Dauer aushält.

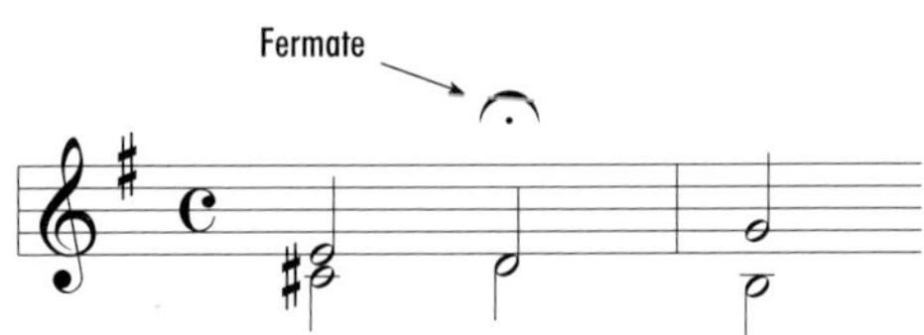

Fermaten werden häufig am Ende eines musikalischen Abschnitts oder am Ende des gesamten Musikstücks verwendet.

Punktierte Noten- und Pausenwerte

Ein Punkt hinter dem Notenkopf verlängert die Tondauer um die Hälfte des ursprünglichen Wertes:

Eine **punktierte Viertelnote** hat dieselbe Tondauer wie eine Viertelnote und eine Achtelnote zusammen.

Eine **punktierte Halbe Note** hat dieselbe Tondauer wie eine Halbe Note und eine Viertelnote zusammen.

In der folgenden Grafik ist eine mögliche Zählweise für punktierte Viertel- und Achtelnoten im 4/4-Takt dargestellt:

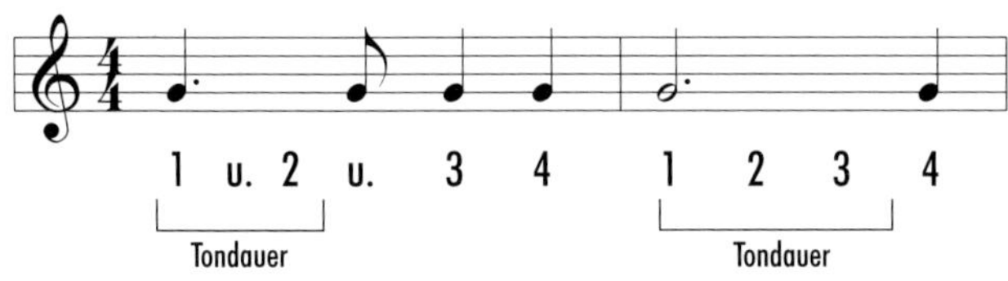

Analog zum Notenwert kann auch der Pausenwert durch einen Punkt um die Hälfte seiner ursprünglichen Dauer verlängert werden:

Eine **punktierte Viertelpause** hat dieselbe Tondauer wie eine Viertelpause und eine Achtelpause zusammen.

Eine **punktierte Halbe Pause** hat dieselbe Tondauer wie eine Halbe Pause und eine Viertelpause zusammen.

Entsprechend läßt sich mit allen anderen Noten- und Pausenwerten verfahren.
Ein **zweiter Punkt** hinter dem ersten verlängert die Ton- bzw. Pausendauer noch einmal um die Hälfte der durch den ersten Punkt geforderten Verlängerung.
Eine doppelt punktierte Viertelnote hat folgende zeitliche Dauer:
Viertel + Achtel + Sechzehntel.

Der Haltebogen

Zwei Töne **derselben** Tonhöhe können mit einem **Haltebogen** verbunden werden. Ein Haltebogen bedeutet, dass die Tondauer der beiden Notenwerte zusammengezählt wird. Die zweite Note wird nicht gespielt, sondern ihre Tondauer der Tondauer der ersten Note hinzugefügt.

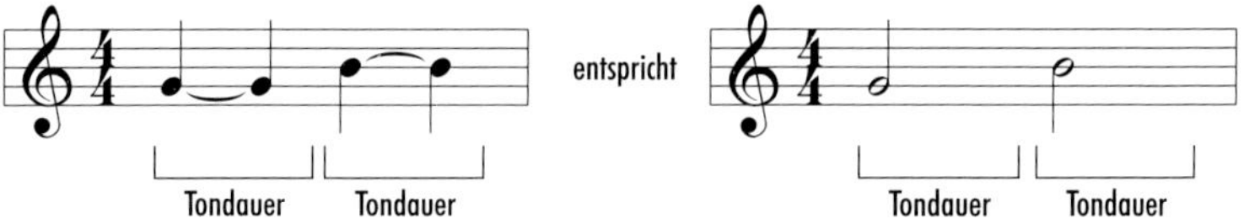

Für die Notation mit Haltebogen gibt es mehrere Gründe. Die beiden wichtigsten sind:

- Ein Ton hat eine Länge, die man mit einer Note nicht darstellen kann. Da es z. B. keine Fünf-Achtel-Note gibt, muss eine Achtelnote mit einer halben Note verbunden werden.

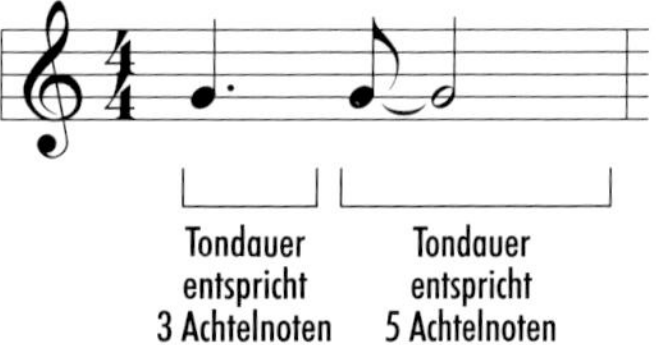

- Ein Ton ist so lang, dass er in den nächsten Takt hineinragt. Auch in diesem Fall wird der zweite Ton nicht gespielt, sondern der erste Ton wird über die Taktgrenze hinaus ausgehalten.

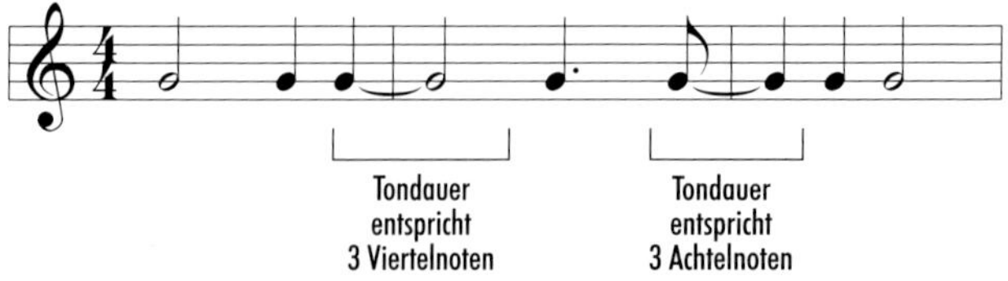

Der Fachausdruck für die Verlängerung der Tondauer mit Hilfe des Haltebogens ist **Ligatur** (lat. *ligatura* = Bindung).

Die Triole

Allen bisher vorgestellten Notenwerten lag die **Zweiteilung** des höheren Wertes zugrunde: Einer ganzen Note entsprechen zwei halbe Noten, einer halben Noten zwei Viertelnoten usw.

Eine weitere wichtige Möglichkeit der Unterteilung von Notenwerten ist die **Dreiteilung** des jeweils höheren Notenwertes.

Die Dreiteilung der Viertelnote ergibt eine sogenannte **Triole** aus drei Achtelnoten, die **Achteltriole** genannt wird.

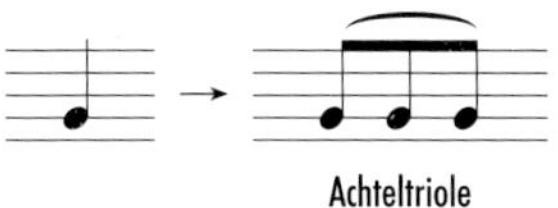

Eine Triole wird durch eine kleine „3" (oft mit einem kleinen Bogen) gekennzeichnet.

Eine Achteltriole hat dieselbe zeitliche Dauer wie eine Viertelnote, in einen 4/4-Takt passen also 4 Achteltriolen. Ein weitverbreitetes Zählschema für die Triole ist das folgende: **1**erlei, **2**erlei usw.:

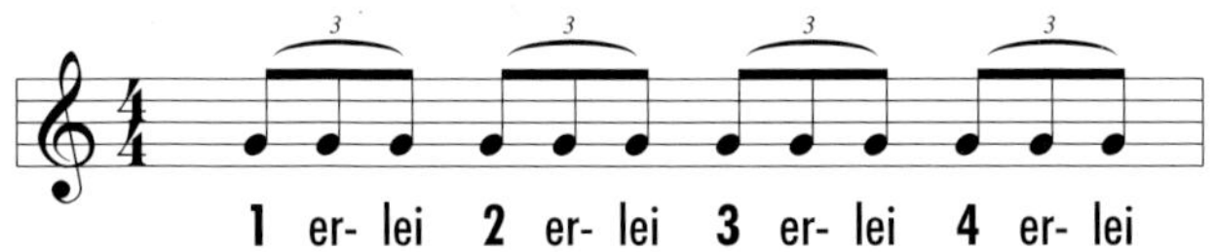

Dieses Prinzip der Dreiteilung des nächsthöheren Notenwertes kann auf alle Notenwerte übertragen werden.

Auf diese Art entstehen Sechzehnteltriolen, Vierteltriolen usw.:

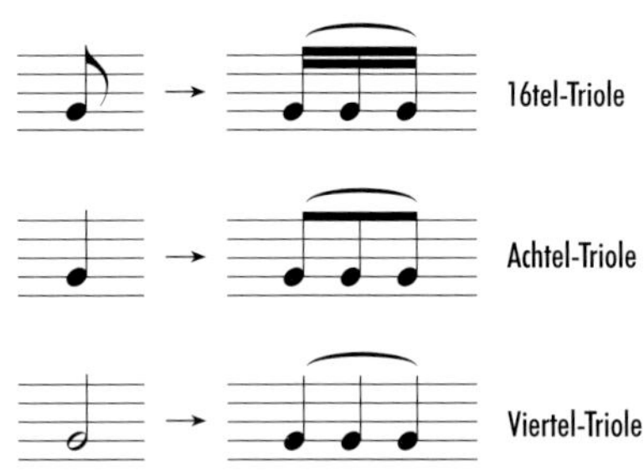

Weitere Unterteilungen der Notenwerte

Die Fünfteilung eines Notenwertes ergibt die **Quintole**, die Siebenteilung die **Septole** und die Neunteilung die **Nonole**.

Weitere Unterteilungen werden meistens als sogenannte **N-Tolen** bezeichnet: 11-Tolen, 13-Tolen etc.

Diese Unterteilungen sind jedoch in der Praxis relativ selten.

Der Takt

Der Takt (lat. *tactus* = Schlag) ist die rhythmische Grundlage der Musik, der durchgehende Grund-„Schlag“ eines Musikstücks. Das Wort *Takt* hat darüber hinausgehend noch eine zweite Bedeutung: das Zusammenfassen mehrerer Schläge zu einer größeren Einheit und die Regelung der Betonungsverhältnisse.
Die **Taktart** wird direkt zu Beginn eines Musikstückes unmittelbar hinter dem Notenschlüssel angegeben. Im Notensystem werden Takte durch senkrechte **Taktstriche** gekennzeichnet.
Größere Abschnitte eines Musikstückes werden durch einen **Doppelstrich** voneinander getrennt; das Ende des Stückes wird durch einen **Schluss-Strich** angezeigt:

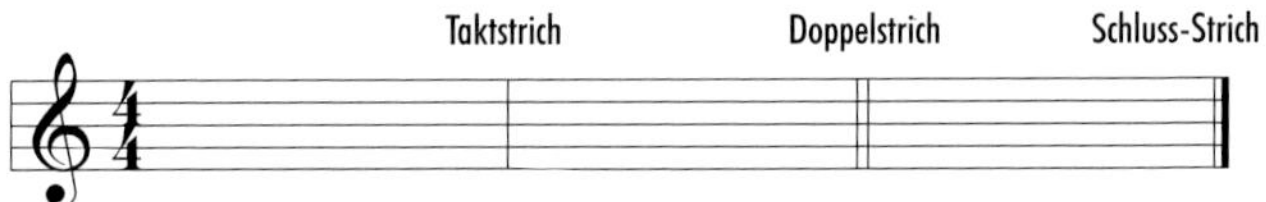

Der 4/4-Takt

Die wichtigste **Taktart** ist der **4/4-Takt**. Bei dieser Taktart werden jeweils vier Schläge zu einem Takt zusammengefasst, anders ausgedrückt: Ein Takt wird in vier Viertel geteilt. Diese Viertelschläge werden vom Musiker mitgezählt, wobei jeweils der erste Schlag eines Taktes leicht betont wird: **1** 2 3 4 usw.:

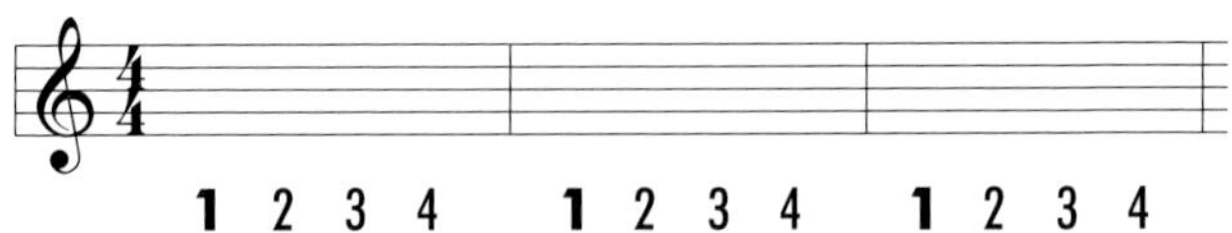

Aus der Notationspraxis des 13. Jahrhunderts hat sich ein anderes Symbol für den 4/4-Takt erhalten, das ebenso häufig verwendet wird:

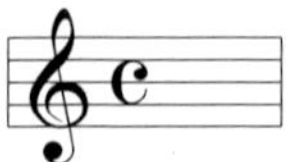

Die folgende Grafik zeigt einige Notenwerte im 4/4-Takt und eine Möglichkeit, sie mitzuzählen:

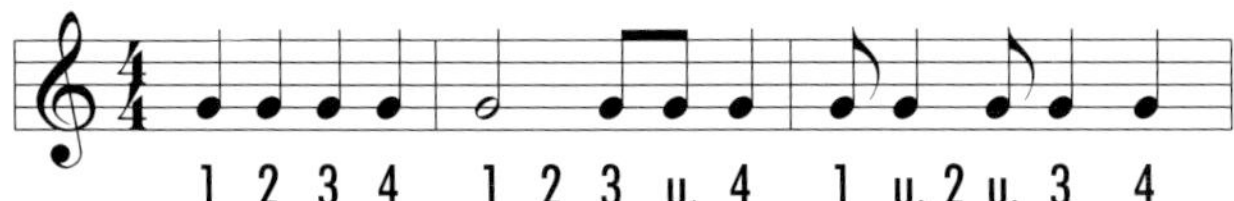

Die **Taktart** wird unmittelbar hinter dem Notenschlüssel (noch vor der Vorzeichnung) als Bruchzahl angegeben. Dabei gibt der Taktzähler (die obere Zahl) die Anzahl der Schläge pro Takt an, der Taktnenner (die untere Zahl) die metrische Grundeinheit (Viertel, Achtel, etc.).

Der 3/4-Takt

Eine weitere häufig vorkommende Taktart ist der **3/4-Takt**.
Der 3/4-Takt kommt in der Rock- und Popmusik eher selten vor, dagegen ist er in der „klassischen" Musik und in der Tanzmusik sehr beliebt. Der Walzer ist ein bekanntes Beispiel für den 3/4-Takt. Der 3/4-Takt enthält drei Viertelzählzeiten pro Takt. Die erste Taktzeit (auch „die 1" genannt) wird leicht betont. Der 3/4-Takt wird **1** 2 3 gezählt.

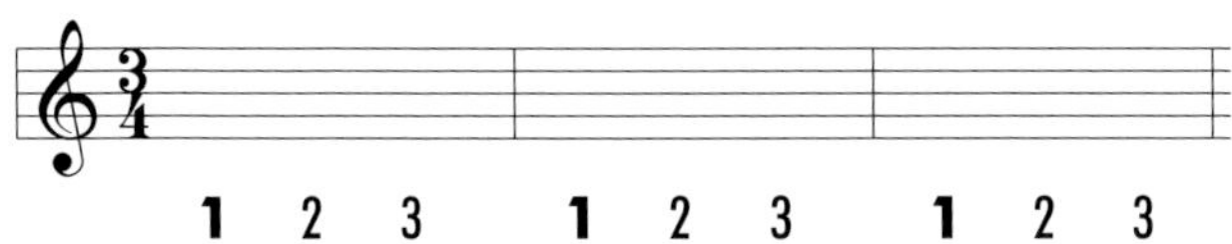

Im 3/4-Takt kommen keine ganzen Noten vor, da ein Takt nicht mehr als drei Viertelnoten fassen kann. Der längste Notenwert, der im 3/4-Takt vorkommt, ist die punktierte halbe Note. Sie füllt einen vollen Takt:

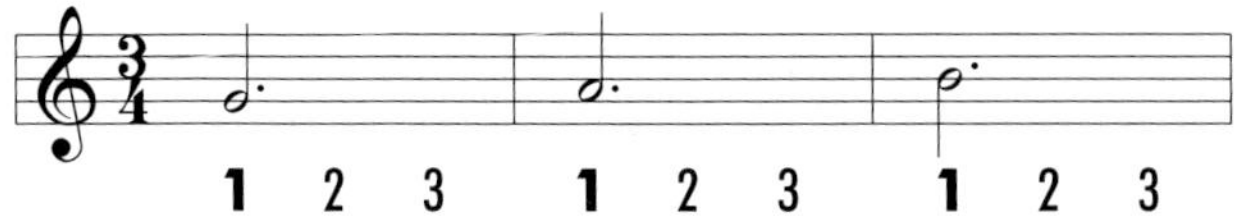

Der 6/8-Takt

Neben dem 4/4-Takt und dem 3/4-Takt ist der **6/8-Takt** eine der wichtigsten Taktarten. Ebenso wie den 3/4-Takt verwendet man ihn in der Popmusik eher selten, in der Klassik jedoch häufiger.
Im 6/8-Takt werden die Achtelnoten als Grundschlag gezählt, in einem Takt sind sechs Achtelnoten enthalten. Die Zählzeiten werden hier jedoch anders betont als im 3/4-Takt.
Die erste und (etwas weniger:) die vierte Zählzeit werden betont, es entstehen also durch die Betonung zwei Gruppen mit je drei Achteln:

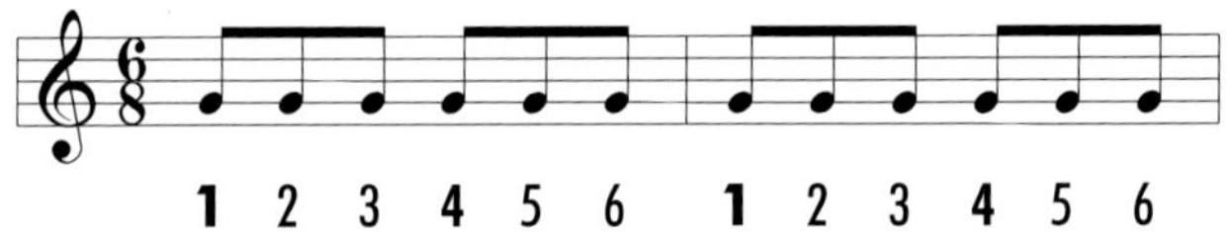

Der größte Notenwert, der in einem 6/8-Takt vorkommen kann, ist eine punktierte halbe Note. Ihre Tondauer entspricht der Tondauer von 6 Achtelnoten.

Der *alla breve*-Takt

Eine gelegentlich vorkommende Taktart ist der ***alla breve*-Takt**.
Alla breve bedeutet frei übersetzt „wie die Halbe" oder „nach Art der Halben".
Mit dieser Bezeichnung ist ein 2/2-Takt gemeint, dessen erste Zählzeit betont wird. Ebenso wie für den 4/4-Takt gibt es auch für den *alla breve*-Takt ein anderes häufig verwendetes Zeichen:

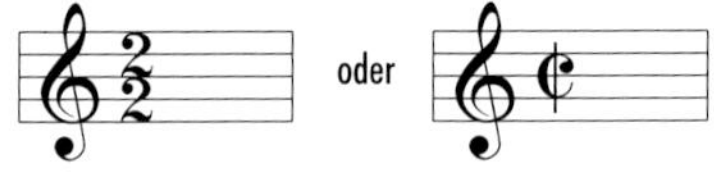

Der Auftakt

Viele Musikstücke beginnen mit einem unvollständigen Takt, das bedeutet mit einem Takt, der weniger Noten enthält, als nach der Taktartbezeichnung erforderlich wären. Diesen unvollständigen Takt nennt man **Auftakt**.

Der Auftakt und der letzte Takt desselben Stückes (der Schlusstakt) ergeben zusammen wieder einen vollständigen Takt. Ein Stück mit Auftakt enthält also zwei unvollständige Takte: den ersten und den letzten Takt.

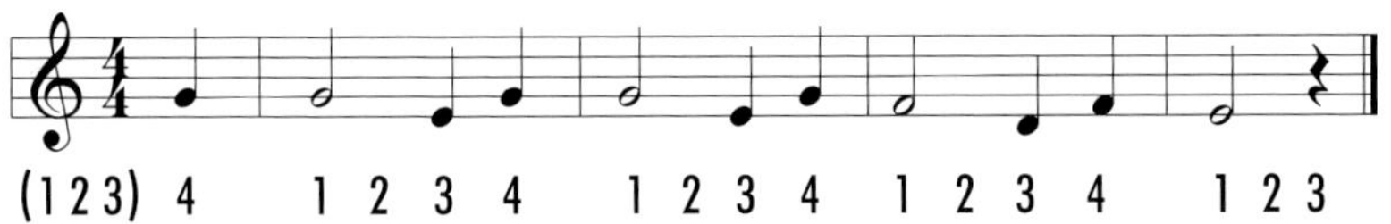

Tipp: Ein Auftakt wird wie ein voller Takt gezählt, der mit einer oder mehreren Pausen beginnt.

Es gibt mehrere Gründe für die Verwendung von Auftakten, z. B.:

- Ein Auftakt erzeugt Spannung
- Die Texte vieler Lieder beginnen mit einer unbetonten Silbe. Würde man einfach mit einem vollen Takt (bei dem die erste Zählzeit betont ist) beginnen, würden Text und Betonung nicht zusammenpassen.

Shuffle

In der Unterhaltungsmusik, besonders im Blues und im Jazz, wird oft die Shuffle-Spielweise angewandt. In diesem Fall werden die Achtelnoten nicht gleichmäßig, sondern triolisch gespielt:

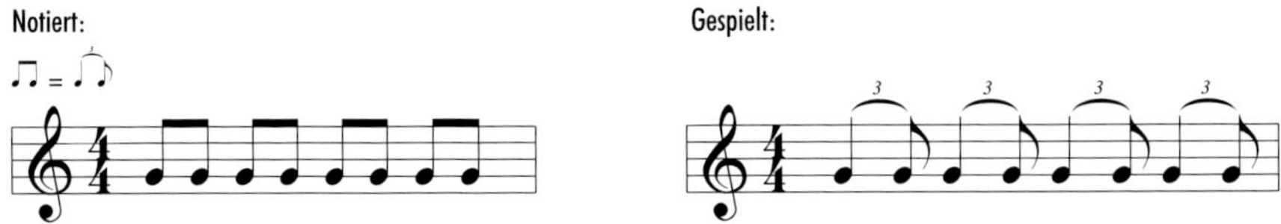

Der Shuffle ist jedoch keine eigene Taktart, sondern eher eine Spielweise, eine besondere Phrasierungsangabe. Daher wird ein Shuffle selten ausnotiert, sondern meist als Symbol am Beginn eines Stücks angegeben.

Systematik der Taktarten

Die Taktarten werden nach ihren Betonungsverhältnissen bzw. ihrem Aufbau eingeteilt in:

1. **Gerade Taktarten**
   - Wechsel von betont und unbetont
   - Beispiele: 2/8; 2/4; 2/2

2. **Ungerade Taktarten**
   - Wechsel von betont - unbetont - unbetont
   - Beispiele: 3/8; 3/4; 3/2.

3. **Zusammengesetzte Taktarten**
   - Zwei zusammengesetzte gerade oder ungerade Taktarten
   - Hauptbetonung auf der 1. Zählzeit
   - Beispiele: 4/8; 4/4; 4/2; 6/8; 6/4; 12/8

4. **Kombinierte Taktarten:**
   - gemischte Form aus Zweier- und Dreiertaktarten
   - Beispiele: 5/4; 7/4

Oft werden die zusammengesetzten und die kombinierten Taktarten zu einer Gruppe zusammengefasst.

Für die meisten kombinierten Taktarten gibt es mehrere Möglichkeiten der Zusammenstellung. Da die Taktangabe noch keinen eindeutigen Aufschluss über die tatsächlichen Betonungen gibt, wird die gewünschte Aufteilung oft vom Komponisten im Taktzähler angegeben oder durch die Gruppierung der Noten (Phrasierung und Verbalkung) angegeben. So kann z. B. der 5/4-Takt sowohl als Kombination von 2/4- und 3/4-Takt als auch als Kombination von 3/4- und 2/4-Takt verstanden werden.

Einige Komponisten geben den **rhythmischen Grundwert** der Taktart in Notenform an, z.B.:

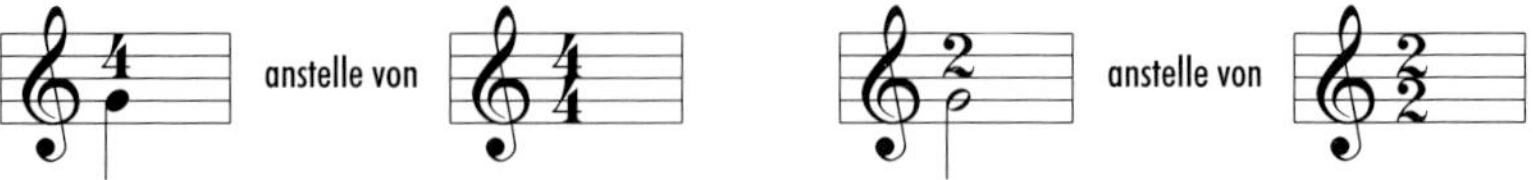

Die wichtigsten Wiederholungzeichen

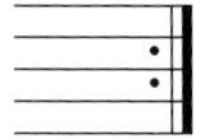

Soll ein Stück zweimal hintereinander gespielt, also ohne Pause wiederholt werden, wird dies am Ende der Noten mit einem **Wiederholungszeichen** angegeben.
Das Wiederholungszeichen ist nichts anderes als ein um zwei Punkte erweiterter Schluss-Strich.

Das Wiederholungszeichen kann auch mitten in einem Stück stehen. Dann werden alle Takte bis zu diesem Zeichen noch einmal gespielt:

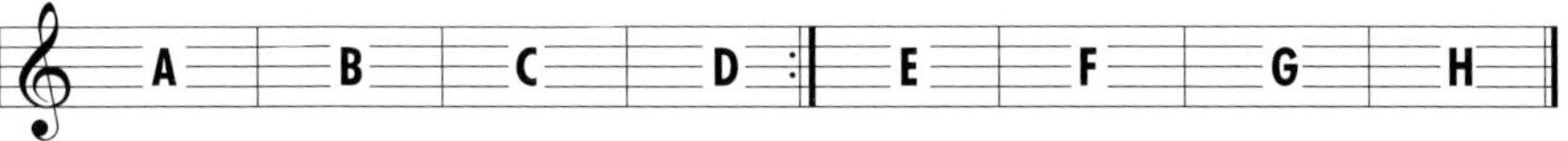

Reihenfolge der Takte: **A B C D A B C D E F G H**

Häufig sollen nur einige Takte wiederholt werden. In diesem Fall markiert ein umgekehrtes Wiederholungszeichen den Anfang des zu wiederholenden Abschnittes:

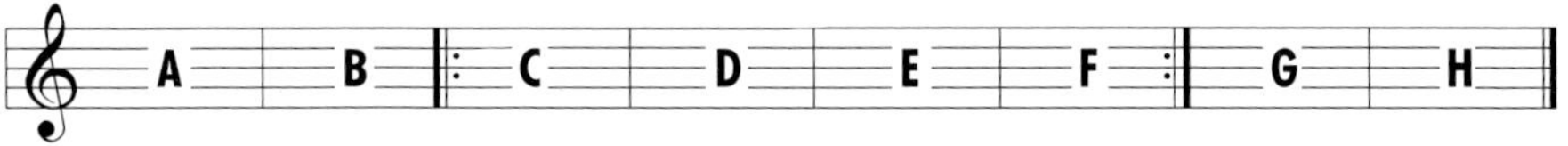

Reihenfolge der Takte: **A B C D E F C D E F G H**

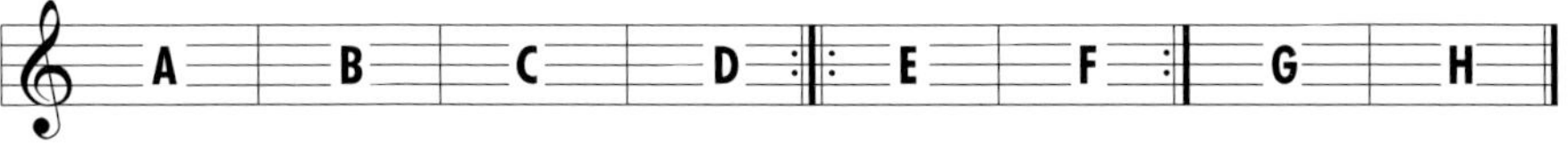

Reihenfolge der Takte: **A B C D A B C D E F E F G H**

Oft weichen bei einer Wiederholung der letzte oder die letzten Takte vom Original ab. Für die Notation werden sogenannte „Kästen" oder „Häuser" verwendet. Der Kasten Nr. 1 gilt beim ersten Durchgang, bei der Wiederholung werden diese Takte übersprungen. Es wird stattdessen mit dem zweiten Kasten weitergespielt:

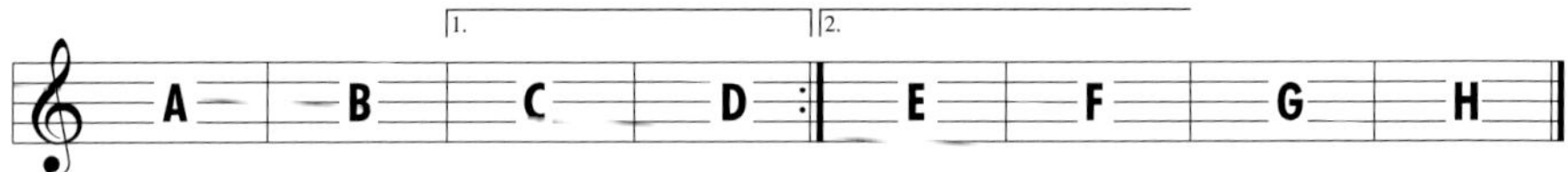

Reihenfolge der Takte: **A B C D A B E F G H**

In der klassischen Musik gibt es noch weitere Wiederholungszeichen. Die wichtigsten sind:

da Capo (= vom Kopf, Anfang an) Statt des einfachen Wiederholungszeichens wird unter den letzten Takt die Anweisung *da capo* (oder kurz: *D.C.*) geschrieben, es wird von Anfang an alles wiederholt.

dal Segno (= vom Zeichen an) Wenn unter dem letzten Takt die Anweisung *dal segno* (oder: *D.S.*) steht, beginnt die Wiederholung vom Zeichen (𝄋) an.

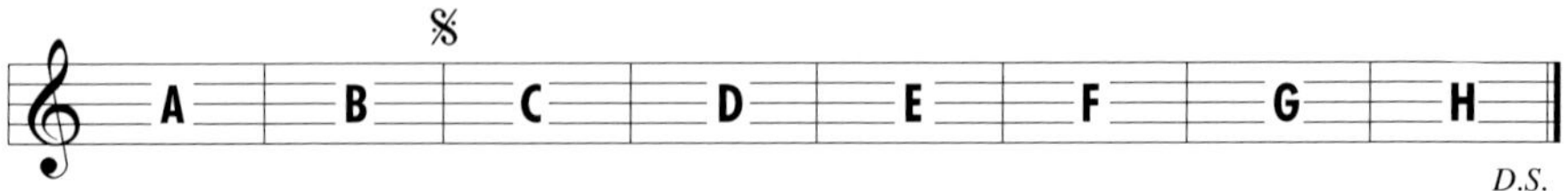

Reihenfolge der Takte: **A B C D E F G H C D E F G H**

da capo al fine Die Wiederholung beginnt von Anfang an, und endet mit dem Takt, unter dem das Wort *fine* (= Ende, Schluss) steht. Fine kann auch unter einer einzelnen Note (mitten im Takt) stehen, die dann zum Schlusston wird.

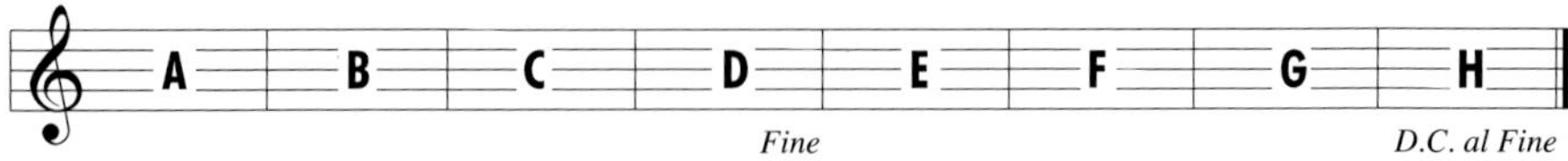

Reihenfolge der Takte: **A B C D E F G H A B C D**

Eine Sonderform der Wiederholungszeichen sind die sogenannten **Faulenzer**. Sie werden überall dort verwendet, wo einer oder mehrere Takte wiederholt werden sollen:

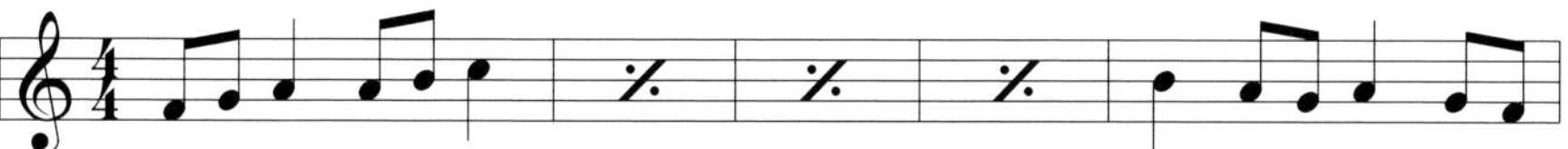

Diese Angabe bedeutet: Der erste Takt wird dreimal wiederholt.

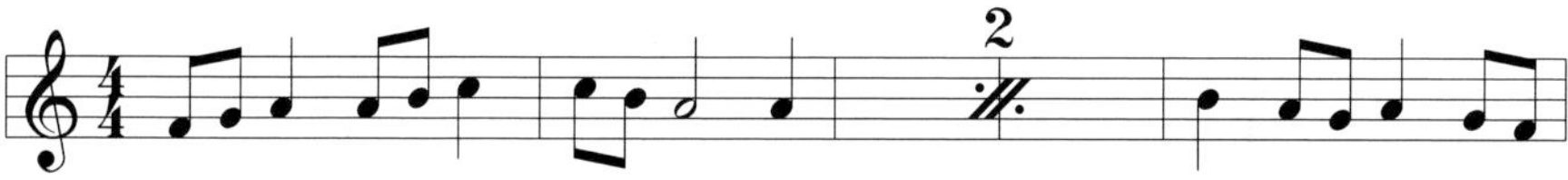

Diese Angabe bedeutet: Die ersten beiden Takte werden einmal wiederholt.

Auch für die Wiederholung einzelner Noten oder Notengruppen gibt es zahlreiche Kurzzeichen. Diese werden auch **Abbreviaturen** genannt. Die Grafik zeigt die wichtigsten Abbreviaturen und ihre Ausführung:

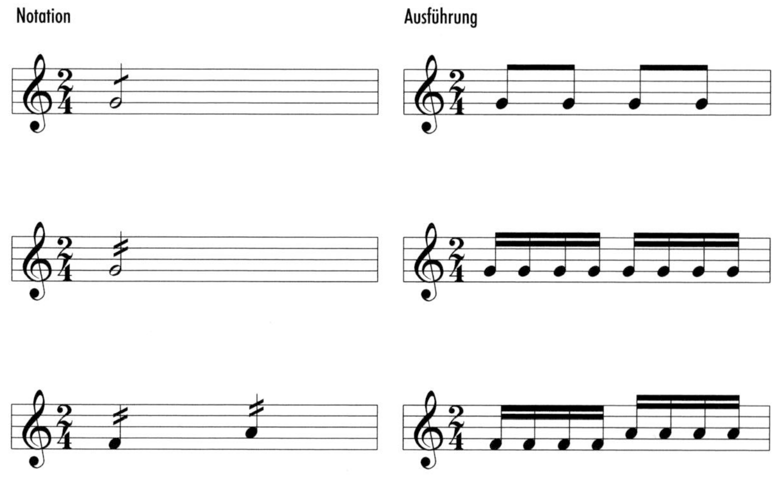

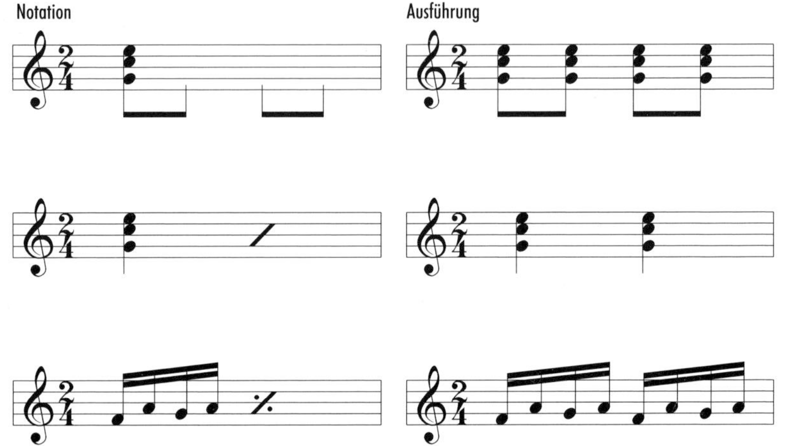

Soll nur die **Artikulation** eines Taktes auf den nächsten Takt oder die folgenden Takte übertragen werden, wird dies mit dem Zusatz simile (ital. = ähnlich) angegeben:

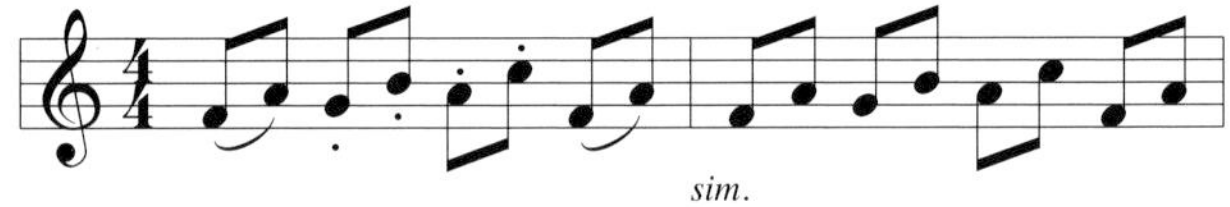

Taktzahlen und Studierziffern

In größeren Werken werden zur besseren Orientierung die Takte durchnumeriert; eine Taktzahl-Angabe findet sich dann meist am Anfang jeder Notenzeile über dem Notensystem. Dabei zählt ein Auftakt **nicht** als Takt, die Taktzählung beginnt mit dem ersten Volltakt.
Häufig finden sich auch sogenannte **Studierziffern**. Dies sind Ziffern oder Buchstaben, welche das Auffinden bestimmter Stellen innerhalb größerer Werke erleichtern und die besonders bei der Arbeit mit mehreren Musikern (z. B. Orchesterproben) wichtig sind.

3. Vortragsbezeichnungen

Die Dynamik

Dynamik (von griech. *dynamis* = Kraft) ist die Anwendung der möglichen Tonstärkegrade (Lautstärke) im Verlauf eines Musikstücks. Dynamische Angaben können sich sowohl auf einzelne Töne, als auch auf größere Abschnitte eines Stückes beziehen. Dynamische Angaben werden meist unter der Notenzeile notiert. Die wichtigsten dynamischen Angaben sind:

ff	*fortissimo*	sehr laut
f	*forte*	laut
p	*piano*	leise
pp	*pianissimo*	sehr leise

Oft werden dynamische Angaben noch etwas genauer differenziert:

meno f	*meno forte*	weniger laut
più p	*più piano*	leiser
meno p	*meno piano*	weniger leise

Auch für Einzeltöne gibt es Lautstärkeangaben, z. B.:

sf, *sfz*, *fz*	*sforzato*	stärker betont

Einen weiteren Teilbereich der dynamischen Zeichen bilden die **Übergangsbezeichnungen**. Mit ihnen werden allmähliche Übergänge von laut zu leise und umgekehrt gefordert. Am häufigsten werden die Angaben crescendo und decrescendo bzw. die entsprechenden Symbole („Crescendo-Gabel") verwendet:

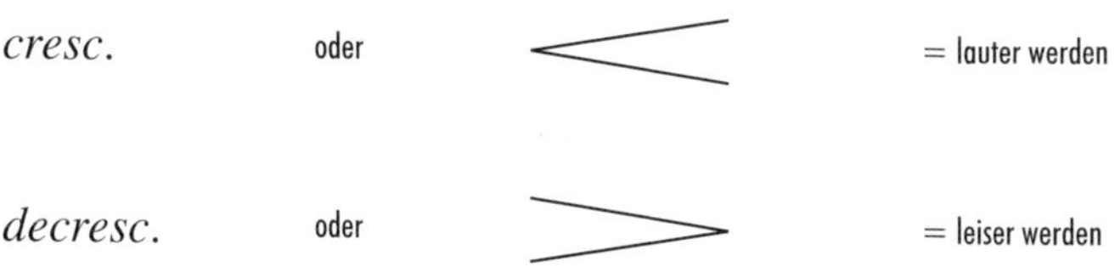

Die Artikulation

Unter Artikulation versteht man die verschiedenen Möglichkeiten, einzelne Töne zu verbinden oder voneinander abzuheben. Diese Möglichkeiten können prinzipiell unterteilt werden in *legato* (ital. = gebunden) und *non legato* (ital. = nicht gebunden).

legato

Legato gespielte Töne werden ohne Unterbrechung miteinander verbunden. Töne, die legato gespielt werden sollen, werden mit einem Bogen verbunden.

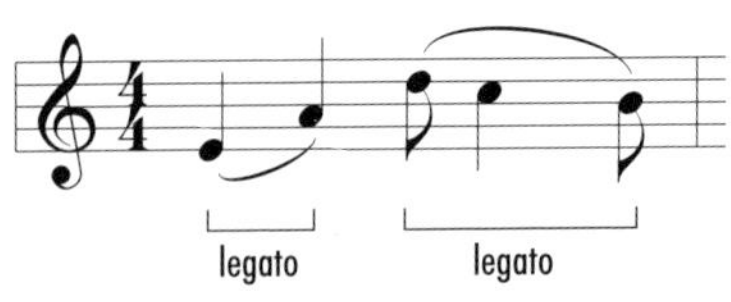

Legato ist der „Normalfall" der Artikulation. Wenn vom Komponisten nicht anders gefordert, wird legato gespielt.

Der Legato-Bogen darf nicht mit dem Haltebogen verwechselt werden!
Der Haltebogen verbindet zwei Töne **derselben** Tonhöhe. Die Dauer der beiden Töne wird zusammengezählt. Der Legato-Bogen (oder auch **Bindebogen**) verbindet zwei oder mehr Töne **unterschiedlicher** (!) Tonhöhe miteinander.

non legato

Beim non legato-Spiel werden aufeinanderfolgende Töne voneinander getrennt. Je nachdem, wie deutlich diese Trennung ausfallen soll, wird das non legato mit den italienischen Angaben *portato* (getragen), *tenuto* (gehalten), *staccato* (getrennt) oder *staccatissimo* (stark getrennt) präzisiert.
Auch für das non legato-Spiel existieren besondere Notationsformen:

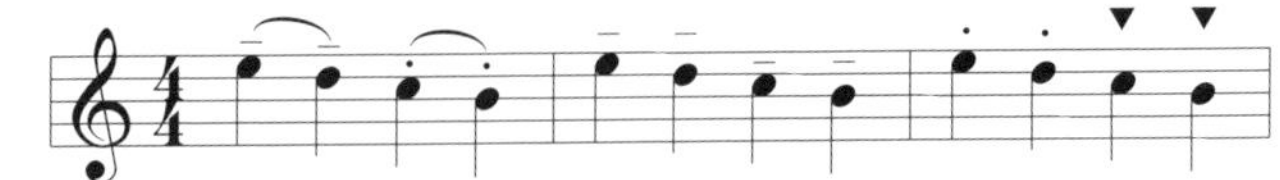

Alle Artikulationsangaben stehen (außer bei mehrstimmiger Notierung) am Notenkopf.

Der Phrasierungsbogen

Der **Phrasierungsbogen** ist ein weiteres wichtiges musikalisches Zeichen. Er sieht dem Haltebogen sehr ähnlich, darf aber nicht mit ihm verwechselt werden.
Der Phrasierungsbogen gibt dem Musiker wertvolle Hinweise zur sinnvollen Unterteilung eines Stückes. Wie die Großschreibung und der Punkt in der Schrift den Anfang und das Ende eines Satzes anzeigen, so zeigt der Phrasierungsbogen den Beginn und das Ende eines musikalischen „Satzes" (einer Phrase) an. Oft ist der Aufbau musikalischer „Sätze" und Abschnitte auch durch Pausen, die Harmonik oder den Melodieverlauf erkennbar, so dass Phrasierungsbögen nicht in jedem Stück vorkommen müssen.

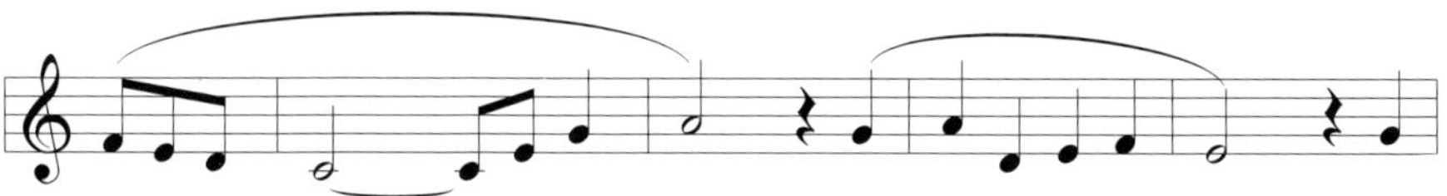

Hinweis: Nicht alles, was unter einem Phrasierungsbogen steht, muss legato gespielt werden! Dies ist zwar meistens der Fall, aber genauso wie es Sätze mit Semikolon gibt, gibt es auch musikalische Phrasen, die in ihrer Mitte einen Einschnitt enthalten, über den der Phrasierungsbogen hinausreicht.

Das Tempo

Der geschriebene Notenwert sagt nichts über die tatsächliche Tondauer aus. Erst in Verbindung mit einem festgelegten Tempo ergibt sich eine genauer definierte Tondauer. Tempobezeichnungen stehen am Anfang eines Stückes über der ersten Notenzeile. Sie gelten bis zum Ende des Stückes oder bis eine Tempoänderung vom Komponisten gefordert wird. Traditionell wird das Tempo eines Musikstückes in italienischer Sprache angegeben.

Die wichtigsten italienischen Tempobezeichnungen (die zum Teil auch den Vortrag charakterisieren) sind:

presto	(sehr) schnell	168-208 bpm
vivace	lebhaft	
allegro	schnell, heiter	120-168 bpm
allegretto	ein wenig bewegt, munter	
moderato	mäßig bewegt	108-120 bpm
andantino	etwas ruhig	
andante	ruhig gehend	76-108 bpm
grave	schwer	
adagio	langsam	66-76 bpm
lento	langsam	
larghetto	etwas breit	60-66 bpm
largo	breit	40-60 bpm

Als Bezugspunkt für die Tempoangaben wird normalerweise *andante* verwendet. Das Tempo *andante* entspricht ungefähr der Schrittfolge (oder dem Puls) eines ruhig gehenden Menschen. Das sind etwa 80 Schläge in der Minute. Alle anderen Tempi werden von dieser Angabe abgeleitet. Die sich daraus ergebende Ungenauigkeit kann zu beträchtlichen Unterschieden in der Auffassung eines Tempos durch verschiedene Interpreten führen.

Einige häufige Zusätze zu den Tempoangaben sind:

assai	-	sehr
comodo	-	gemächlich
con brio	-	mit Feuer
con moto	-	mit Bewegung
ma non troppo	-	aber nicht zu viel
meno	-	weniger
molto	-	viel, sehr
più	-	mehr
poco a poco	-	nach und nach
sostenuto	-	gehalten, getragen
subito	-	plötzlich
un poco	-	ein wenig

Das Metronom

Wünscht der Komponist eine Aufführung des Werkes in einem exakt festgelegten Tempo, gibt er sogenannte **Metronomzahlen** an.
Das Metronom ist ein 1816 von Johann Nepomuk Mälzel patentiertes mechanisches Gerät, das mit einem einstellbaren Pendel eine sicht- und hörbare Angabe des Tempos ermöglicht. Die Metronomangaben erfolgen in der Form ♩ = 80 oder M.M. (Mälzels Metronom) = 80.
In der U-Musik wird zur genauen Festlegung des Tempos häufig die Maßeinheit bpm (beats per minute; Schläge pro Minute) verwendet.
80 bpm bedeutet dasselbe wie ♩ = 80.

Tempoänderungen

Es gibt prinzipiell zwei Möglichkeiten, das Tempo eines Musikstückes zu verändern, die graduelle und die abrupte Tempoänderung.

1) **Graduelle Tempoänderung** bedeutet: Das Tempo ändert sich allmählich. Die traditionellen Bezeichnungen für eine allmähliche Tempoänderung sind *accelerando* und *ritardando.*

   Ritardando (abgekürzt: *rit.*) bedeutet: langsamer werden. Das Tempo wird gleichmäßig verlangsamt. Gleichwertige Angaben sind: *ritenuto* (*rit.*), *rallentando* (*rall.*), *meno mosso, allargando, calando* und *morendo.*

   Accelerando (abgekürzt: *acc.*) bedeutet schneller werden: Das Tempo wird (langsam und) gleichmäßig gesteigert. Gleichwertige Angaben sind *stringendo* (*string.*), *stretto* und *più mosso.*

Soll nach einem *accelerando* oder einem *ritardando* wieder das ursprüngliche Tempo gespielt werden, lautet die entsprechende Anweisung *a tempo, tempo primo* (erstes Tempo) oder ähnlich. Diese Angaben sind nur eine allgemeine Anweisung, die genaue Ausführung bleibt dem Musiker überlassen.

2) **Abrupte Tempoänderung**. Hier ändert sich das Tempo von einem Moment auf den anderen. Meistens werden abrupte Tempoänderungen an besonders dafür geeigneten Stellen durchgeführt.
   In der U-Musik werden abrupte Tempoänderungen oft einfach durch eine neue BPM-Angabe notiert.

4. Intervalle und Tonleitern

IV

Die Intervalle

Ein **Intervall** (von lat. *intervallum* = Zwischenraum) ist der **Abstand zwischen zwei Tönen**. Dieser Abstand wird in Halbtönen gemessen. Die Anzahl der Halbtonschritte ist identisch mit der Anzahl der Klaviertasten. Die Intervalle werden von der Stammtonreihe (vom c′ aus gezählt) abgeleitet:

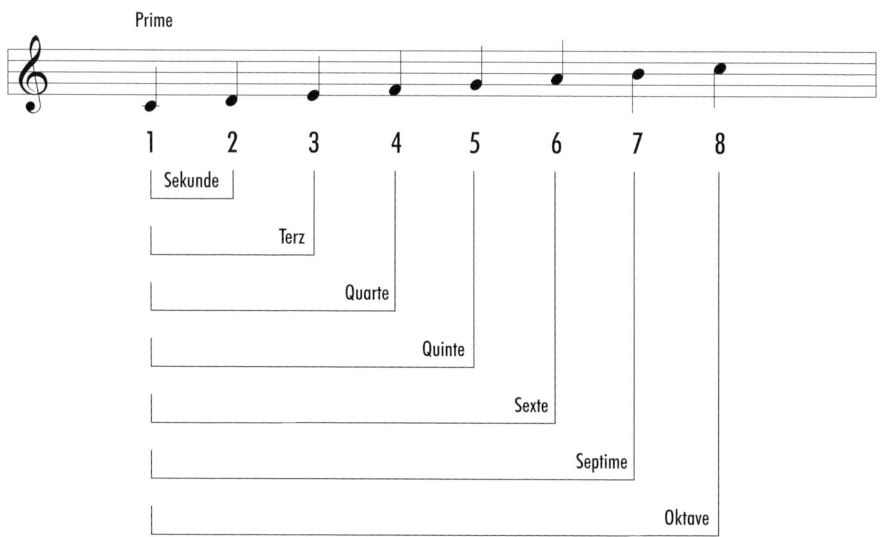

Ihre Namen erhalten die Intervalle, indem die Töne der Stammtonreihe in lateinischer Sprache durchnumeriert werden:

c′ zu c′	**Prime**	(von lat. *primus* = der erste)
c′ zu d′	**Sekunde**	(von lat. *secundus* = der zweite)
c′ zu e′	**Terz**	(von lat. *tertius* = der dritte)
c′ zu f′	**Quarte**	(von lat. *quartus* = der vierte)
c′ zu g′	**Quinte**	(von lat. *quintus* = der fünfte)
c′ zu a′	**Sexte**	(von lat. *sextus* = der sechste)
c′ zu h′	**Septime**	(von lat. *septimus* = der siebte)
c′ zu c″	**Oktave**	(von lat. *oktavus* = der achte)

Die Prime erhält die Ordnungszahl 1. Wenn zwei Töne den Abstand einer Prime haben, haben sie die gleiche Tonhöhe.
Mit dem achten Intervall, der Oktave, wird der jeweils nächste Stammton desselben Namens erreicht und die Reihe der Stammtöne wiederholt sich.
Intervalle, die den Umfang der Oktave überschreiten, werden als aus der Oktave und einem der Grundintervalle zusammengesetzte Intervalle erklärt, z. B.:

c′ zu d″	**None**	= Oktave + Sekunde
c′ zu e″	**Dezime**	= Oktave + Terz

1. Intervalle mit einer Grundform

Die Intervalle werden in zwei Gruppen eingeteilt: Intervalle mit **einer** Grundform und Intervalle mit **zwei** Grundformen.

Die Intervalle mit einer Grundform sind die **Prime**, die **Quarte**, die **Quinte** und die **Oktave**. Weil sie nur eine Grundform haben, werden sie auch als **reine Intervalle** bezeichnet.

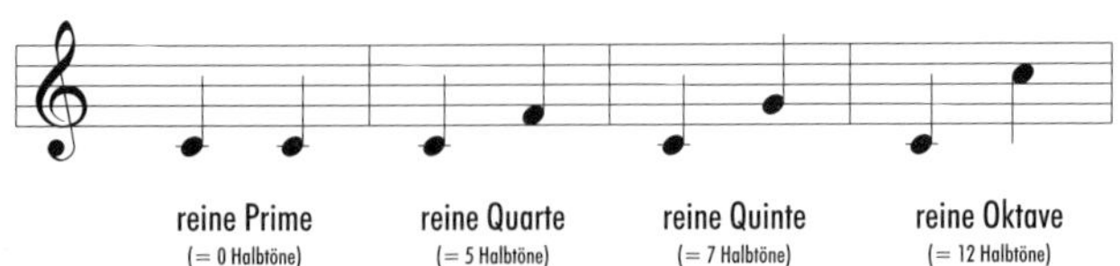

2. Intervalle mit zwei Grundformen

Intervalle mit zwei Grundformen sind die **Sekunde**, die **Terz**, die **Sexte** und die **Septime**. Diese Intervalle gibt es als kleine oder große Intervalle, also z. B. als kleine Sexte oder große Sexte.

Hier sind die kleine und die große Sekunde (jeweils vom Ton c′ aus) notiert. Zählt man vom ersten Ton (hier: c) in der Stammtonreihe weiter, ist der Ton d der zweite Ton. Das entstandene Intervall ist eine Sekunde (= „der Zweite"). Je nachdem, ob sie einen oder zwei Halbtonschritte enthält, handelt es sich um eine **kleine** oder um eine **große** Sekunde.

kleine Sekunde (= 1 Halbtöne) große Sekunde (= 2 Halbtöne)

Derselbe Sachverhalt gilt für die Terz: Eine Terz ist **immer** der **dritte** Ton. (Der Anfangston zählt als erster Ton.) Je nachdem, ob sie drei oder vier Halbtonschritte enthält, handelt es sich um eine **kleine** oder um eine **große** Terz.

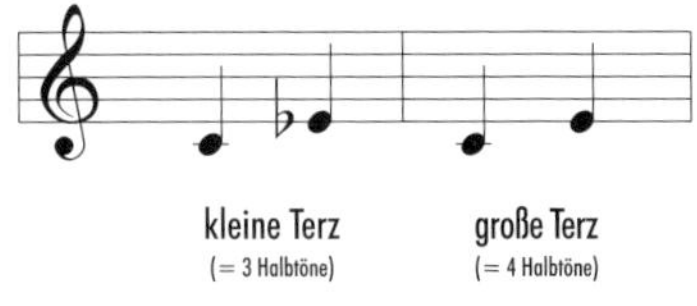

Die Sexte ist **immer** der **sechste** Ton. Je nachdem, ob sie 8 oder 9 Halbtonschritte enthält, handelt es sich um eine **kleine** oder um eine **große** Sexte.

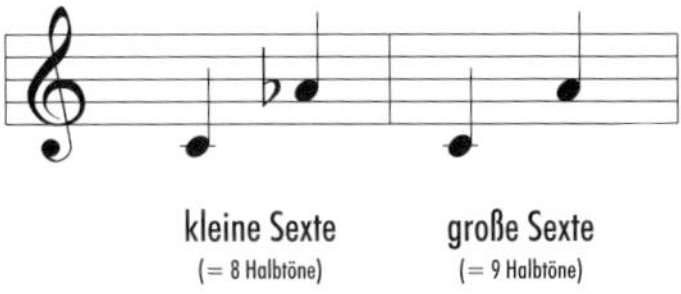

Die Septime ist **immer** der **siebte** Ton. Die kleine Septime enthält 10 Halbtonschritte, die große Septime 11 Halbtonschritte.

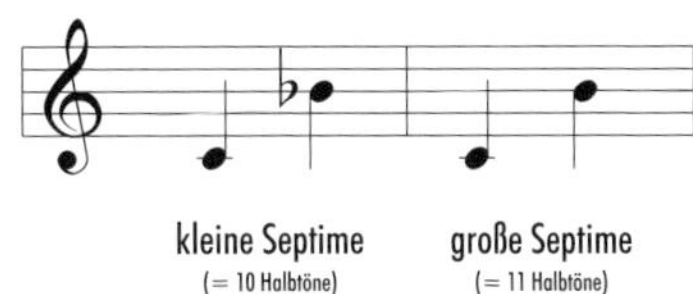

3. Verminderte und übermäßige Intervalle

Die drei Grundformen der Intervalle sind: groß, klein oder rein. Diese Grundformen können weiter vergrößert oder verkleinert werden. Dabei entstehen **verminderte** oder **übermäßige** Intervalle.

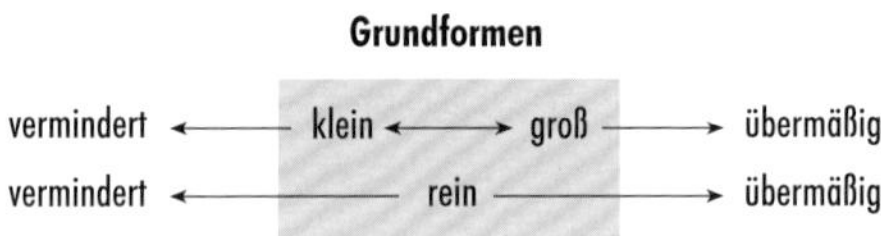

Ein Beispiel soll dies verdeutlichen: Aus einer **reinen** Quinte (c-g; 7 Halbtonschritte) wird durch Verkleinerung eine **verminderte** Quinte (c-ges; 6 Halbtonschritte) oder durch Vergrößerung eine **übermäßige** Quinte (c-gis; 8 Halbtonschritte):

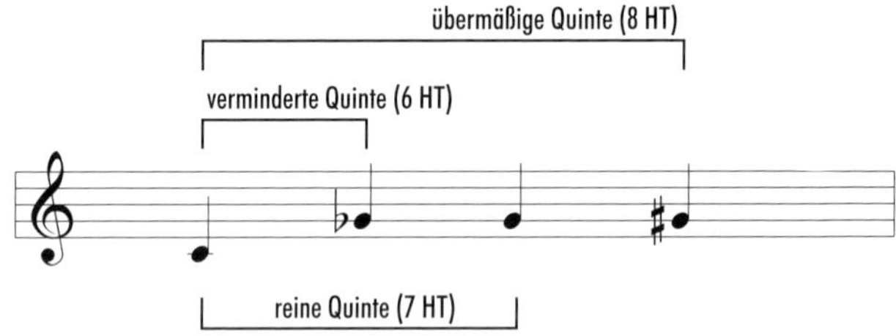

Auch **große** und **kleine** Intervalle können auf diese Weise verändert werden:

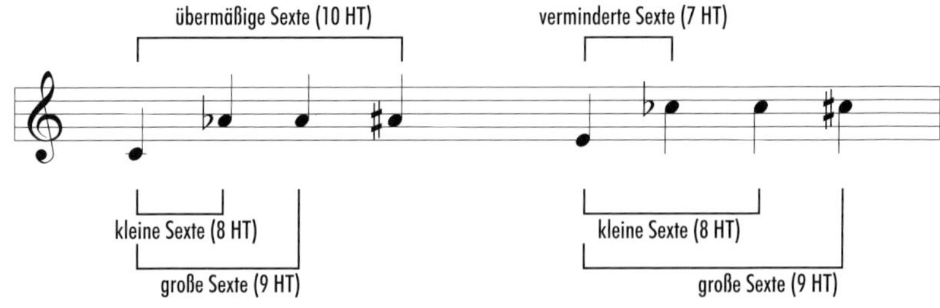

Verminderte und übermäßige Intervalle kommen im Vergleich zu den anderen Intervallen seltener vor.

Der Tritonus

Eine Sonderstellung innerhalb der Intervalle nimmt der **Tritonus** (lat./ griech. *tritonus* = Dreitonschritt) ein. Er teilt die Oktave in zwei gleichgroße Intervalle, umfasst also drei Ganztonschritte. Genau genommen ist nur die **übermäßige Quarte** ein Tritonus (da nur sie drei Ganztonschritte umfasst) in der Praxis wird jedoch oft auch die **verminderte Quinte** als Tritonus bezeichnet.

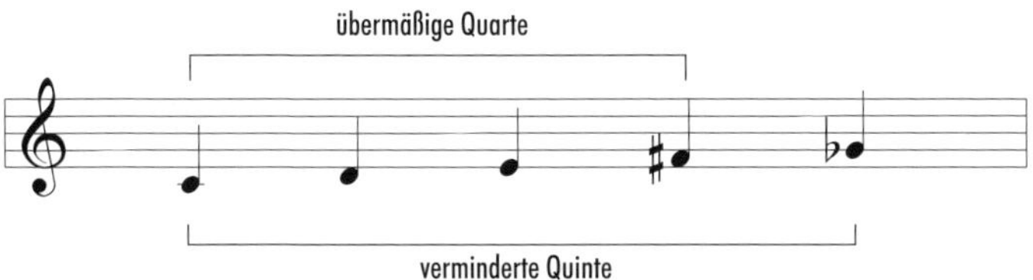

Da der Tritonus sehr schwer zu singen ist, wurde er in der älteren Musiktheorie oft auch als *Diabolus in musica* (Teufel in der Musik) bezeichnet.

Komplementärintervalle

Zwei Intervalle, die sich zur Oktave ergänzen (z. B. kleine Terz und große Sexte oder große Sekunde und kleine Septime) werden als **Komplementär-** oder **Ergänzungsintervalle** bezeichnet.

Bildung von Intervallen

Ein bestimmtes Intervall kann von einem beliebigen Ausgangston auf die folgende Weise gebildet werden:

- Erst wird in der Stammtonreihe um die dem Intervallnamen entsprechende Anzahl Töne weitergezählt und anschließend
- das entstehende Intervall (gegebenenfalls) weiter verändert.

Als Beispiel soll die kleine Sexte von g' aufwärts gebildet werden:

1. In der Stammtonreihe müssen von g aus sechs Töne (= Sexte) aufwärts abgezählt werden:

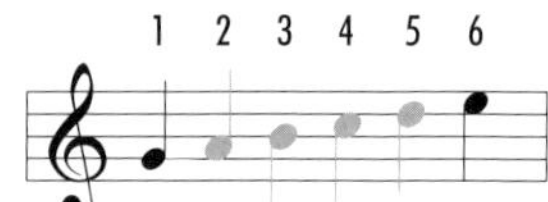

2. Zwischen dem Ton g und dem Ton e liegen 9 Halbtöne, das entstandene Intervall ist eine große Sexte. Deshalb muss der Ton e um einen Halbton zum „es" erniedrigt werden, um die gewünschte kleine Sexte zu erhalten:

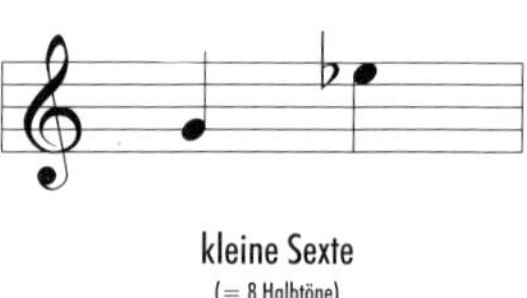

> Für die Bildung beliebiger Intervalle gilt, dass immer um die Anzahl Stammtöne weitergezählt wird, welche der Intervallname vorgibt!

Intervallbildung abwärts

Alle Intervalle können sowohl auf- als auch abwärts gebildet werden. Zur Bildung von Intervallen abwärts wird in der Stammtonreihe rückwärts anstatt vorwärts gezählt.
Auch hierbei zählt der Ausgangston selbst als erster Ton:

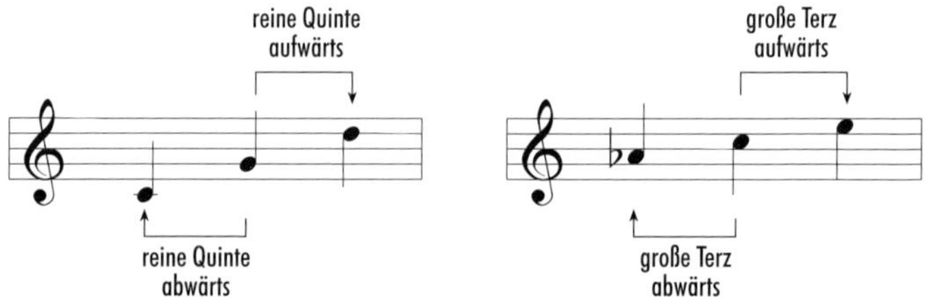

Die Tonleitern

Eine Tonleiter (oder: Skala) ist eine Materialsammlung von Tönen, die in einem Musikstück verwendet wird. Diese Töne sind der Tonhöhe nach geordnet und haben innerhalb der Tonleiter unterschiedliche Bedeutungen.
Dieses Material ist eine Basis für ein Musikstück und kann mit zusätzlichen Tönen erweitert werden.

Die Dur-Tonleiter

Die Folge der Stammtöne von c′ bis c″ bildet die **Dur-Tonleiter** (von lat. *durus* = hart). Diese Tonleiter beginnt und endet mit dem Ton c, der deshalb auch der **Grundton** der Tonleiter genannt wird. Der Grundton gibt der Tonleiter ihren Namen - in diesem Fall: **C-Dur-Tonleiter**.
Die Dur-Tonleiter ist das Fundament der abendländischen Harmonielehre, das Maß, an dem alle anderen Tonleitern gemessen werden.

Für ein besseres Verständnis des Folgenden und als Hilfe bei der Analyse von Tonleitern ist die Kenntnis der **Intervallsymbol-Schreibweise** nützlich. Dieses System ist im anglo-amerikanischen Sprachraum weit verbreitet. Bei dieser Schreibweise werden die Töne der Dur-Tonleiter von 1 bis 8 numeriert.

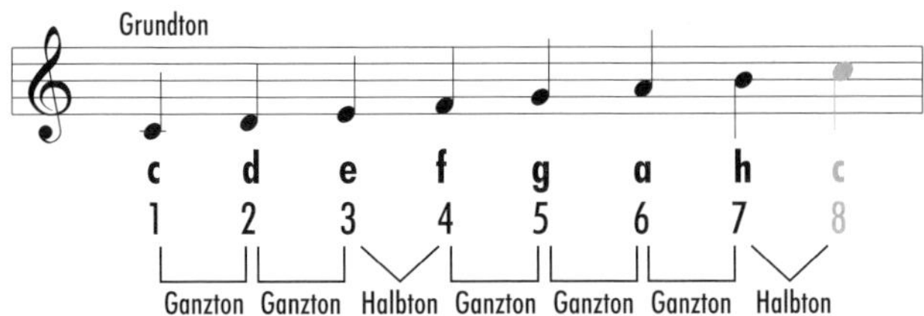

Die Zahlen stehen für die Intervalle der Dur-Tonleiter. Die Intervallstruktur anderer Tonleitern wird immer mit der Dur-Tonleiter verglichen. Abweichungen werden mit ♯ und ♭ vor den jeweiligen Intervallsymbolen kenntlich gemacht.
Ein Beispiel: das Symbol „3" bedeutet immer eine große Terz, eine kleine Terz wird mit dem Symbol „♭3" bezeichnet.

Die **Intervallstruktur** ist der „Bauplan“ aller Dur-Tonleitern, sie gibt die Art der Intervalle und ihre Abfolge innerhalb der Tonleiter an. Mit ihrer Hilfe kann auf jedem der zwölf chromatischen Töne eine Dur-Tonleiter aufgebaut werden, indem einfach der Anfangston geändert, der „Bauplan“ (die Art und Reihenfolge der Intervalle) jedoch beibehalten wird.

Hier ist dieses Prinzip am Beispiel der D-Dur-Tonleiter dargestellt. Dafür wird der Bauplan der Dur-Tonleiter

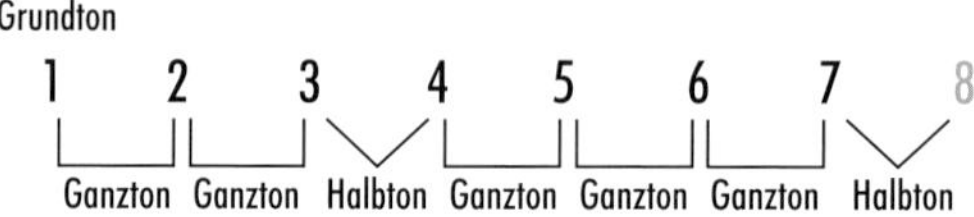

auf den Grundton d angewandt. Man erhält dann die D-Dur-Tonleiter. Es müssen zwei Töne (f zum fis und c zum cis) erhöht werden, damit die Intervalle mit dem Bauplan übereinstimmen:

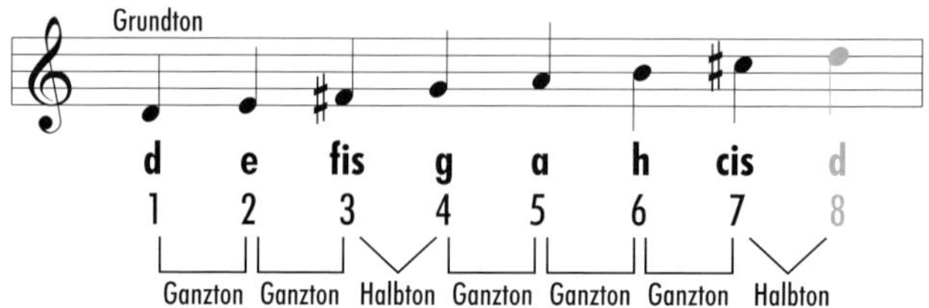

Der Leitton

Der 7. Ton der Dur-Tonleiter wird auch als Leitton bezeichnet, da er zum Grundton zurückleitet: Spielt man die Tonleiter aufwärts, so wird durch die 7. Stufe eine Spannung aufgebaut, die sich mit Erreichen des Grundtons (= 8. Stufe) wieder auflöst.

Zwei weitere Beispiele:

Bei der Konstruktion anderer Dur-Tonleitern müssen einzelne Stammtöne erhöht bzw. erniedrigt werden, um die Intervallstruktur der Dur-Tonleiter beizubehalten.

Die G-Dur-Tonleiter:

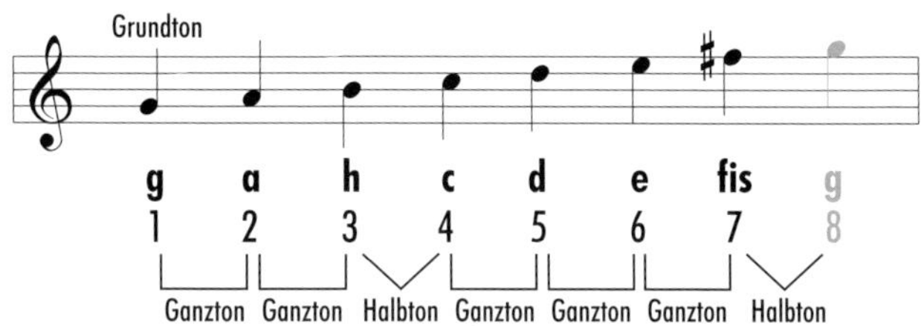

Bei der G-Dur-Tonleiter muss der Stammton f zum fis erhöht werden, um eine Dur-Tonleiter zu erhalten.

Die B-Dur-Tonleiter:

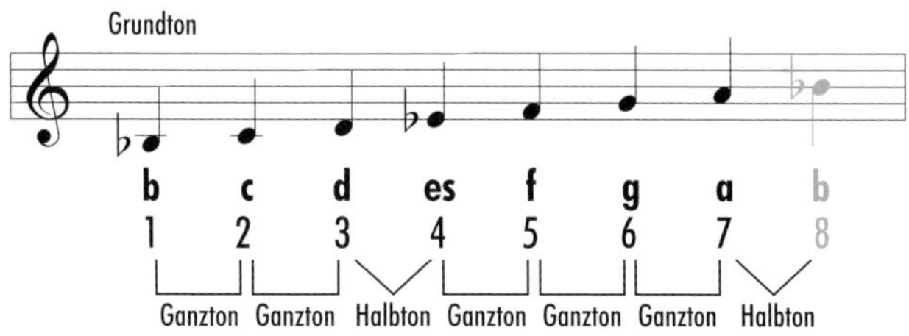

Bei der B-Dur-Tonleiter wird (neben dem Grundton) das e zum es erniedrigt.
Auch wenn der Grundton bereits erniedrigt oder erhöht ist, ändert sich nichts an der Bildung der Tonleiter: Die Intervallstruktur muss mit dem „Bauplan" der Dur-Tonleiter übereinstimmen, gegebenenfalls müssen einzelne Töne alteriert werden.

Bei der Konstruktion einer Dur-Tonleiter von einem beliebigen Grundton aus ändern sich (im Vergleich zur C-Dur-Tonleiter) die Töne, die Intervallstruktur muss erhalten bleiben.
Diese **Intervallstruktur** ist das besondere Kennzeichen der Dur-Tonleiter.

Tonleiter und Tonart

Eine **Tonleiter** gibt über die Anordnung der Tonschritte und ihre Beziehungen untereinander Auskunft. Sie kann als eine Materialsammlung verstanden werden, aus der sich ein Komponist „bedient".

Die **Tonart** legt die Vorzeichnung, den Grundton und die harmonischen Verhältnisse in einem Musikstück fest. Der Grundton der verwendeten Tonleiter gibt auch der Tonart den Namen.
Man sagt z. B.: Ein Musikstück „steht in E-Dur".

Die **Tonart** eines Stückes kann an der **Vorzeichnung** erkannt werden. Die Vorzeichnung steht zu Beginn der ersten Notenzeile, direkt hinter dem Notenschlüssel. Mit der Vorzeichnung werden alle Stammtöne angegeben, die beim Spielen des Stückes verändert werden müssen. Sie gilt für das ganze Stück, kann aber durch Auflösungszeichen aufgehoben werden:

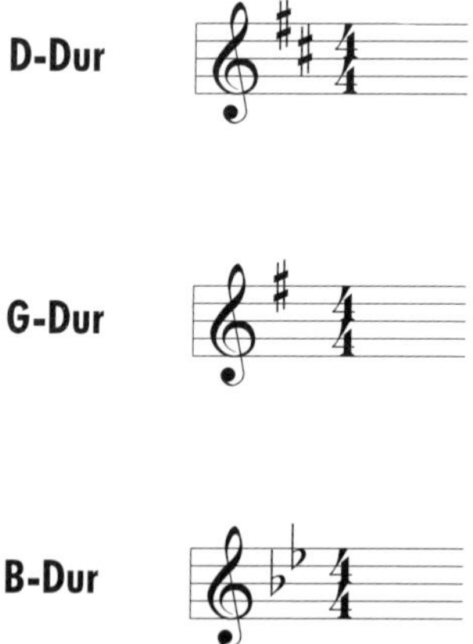

Die natürliche Moll-Tonleiter

Neben der Dur-Tonleiter gibt es zahlreiche andere Tonleitern. Die wichtigste ist die **natürliche Moll-Tonleiter** (von lat. *mollis* = weich). Die einfachste Moll-Tonleiter ist die A-Moll-Tonleiter. Sie besteht aus den Stammtönen, aber nicht von c, sondern von a aus:

a h c d e f g a

Die **natürliche Moll-Tonleiter** unterscheidet sich von der **Dur-Tonleiter** durch die **Intervallstruktur**, den Bauplan für die Abstände der Töne.

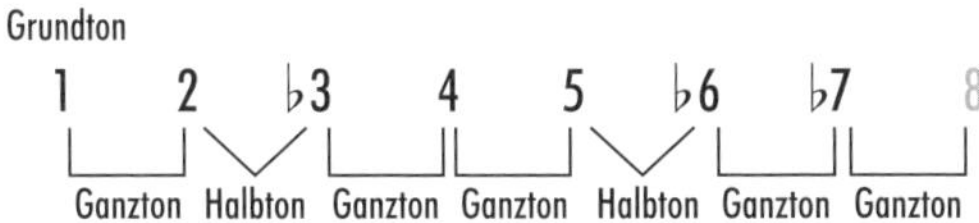

Über dem Ton a ergibt sich die **A-Moll-Tonleiter**:

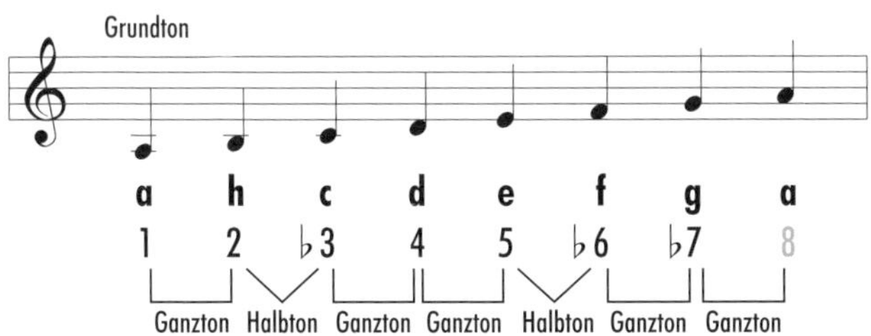

Zum Vergleich der Intervallstrukturen von natürlichem Moll und Dur zeigt diese Grafik die **A-Dur-Tonleiter**:

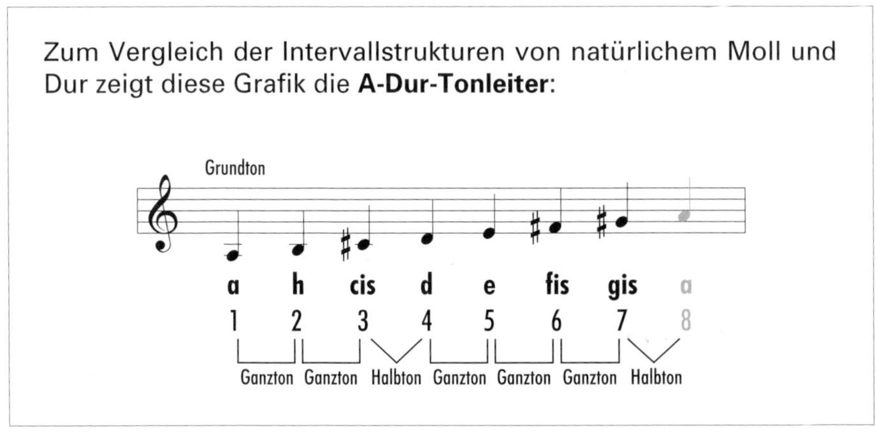

Über dem Ton c ergibt sich die **C-Moll-Tonleiter**:

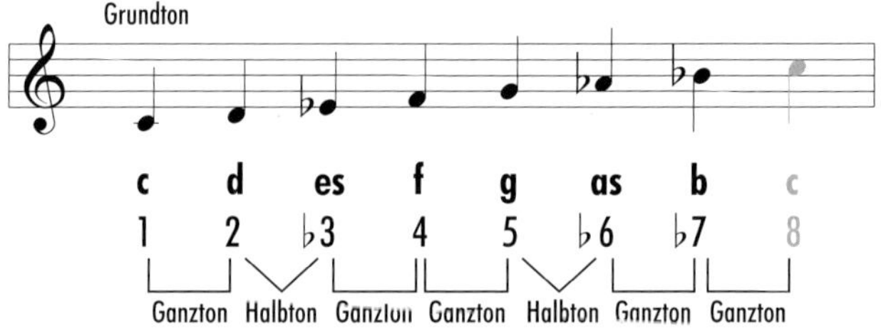

Parallele Tonarten

Zu jeder Dur-Tonart gibt es eine verwandte Moll-Tonart. Beide verwenden die gleichen Töne, sie haben also auch die **gleichen Vorzeichen**. Räumlich betrachtet, verlaufen die beiden Tonleitern parallel:

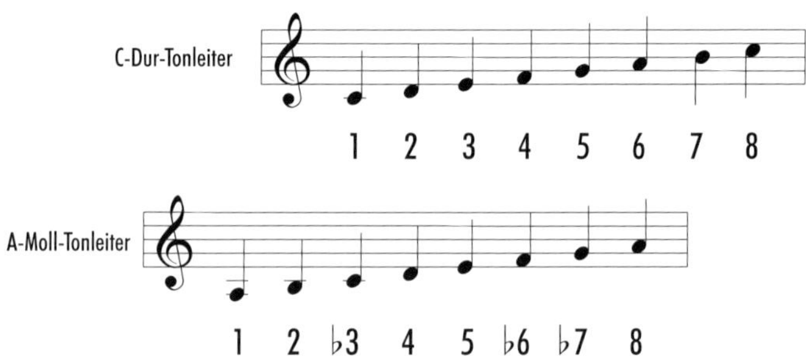

Diese beiden Tonarten nennt man **parallele Tonarten**.

Die **parallele Moll-Tonart** zu einer beliebigen Dur-Tonart lässt sich folgendermaßen finden: Ihr Grundton liegt eine kleine Terz tiefer als der Grundton der Dur-Tonleiter. Für C-Dur ist die Parallele also A-Moll.
Für die Erkennung der Tonart an der Vorzeichnung eines Stückes gilt: Das Stück steht **entweder** in der entsprechenden Dur-Tonart **oder** in der parallelen Moll-Tonart.

Die harmonische Moll-Tonleiter

Aus harmonischen Gründen wird bei der Moll-Tonleiter oft die 7. Stufe erhöht. Man bezeichnet diese Tonleiter dann als harmonische Moll-Tonleiter.

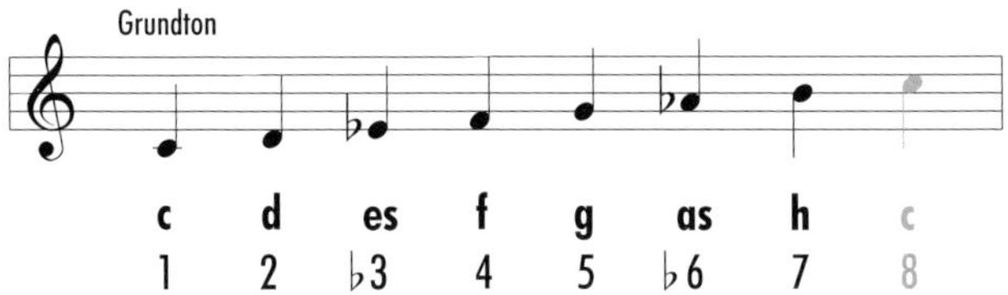

Die melodische Moll-Tonleiter

Bei der Bildung von Harmonisch Moll entsteht durch die Erhöhung des 7. Tones von Natürlich Moll ein übermäßiger Sekundschritt von der 6. zur 7. Stufe.
Um eine streng diatonische (d. h. nur aus kleinen und großen Sekunden bestehende) Tonleiter zu erhalten, wird bei der Bildung der melodischen Moll-Tonleiter die 6. Stufe der harmonischen Moll-Tonleiter ebenfalls um einen Halbton erhöht.

Eine Besonderheit der melodischen Moll-Tonleiter ist die Tatsache, dass diese Tonleiter im Allgemeinen nur aufwärts mit erhöhter 6. und 7. Stufe gespielt wird, abwärts verwendet man die natürliche Moll-Tonleiter:

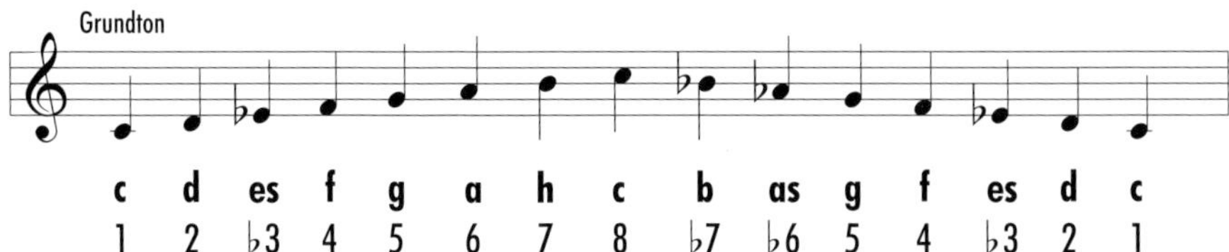

Die Zigeunermoll-Tonleiter

Eine weiteres wichtiges Mitglied der Familie der Moll-Tonleitern ist das sogenannte **Zigeunermoll**. Es entsteht durch die Erhöhung des 4. Tonleitertons der harmonischen Moll-Tonleiter:

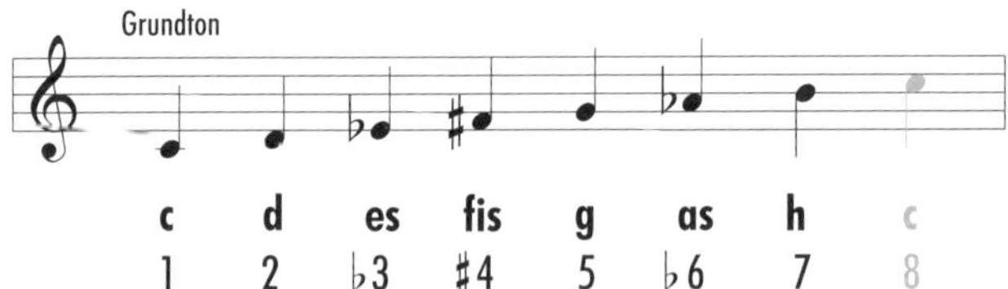

Durch die beiden übermäßigen Sekunden und vier Halbtonschritte, die diese Tonleiter enthält, ist sie die „orientalischste" der Mollfamilie.

Blue Notes und die Bluestonleiter

Ursprünglich stellen die sog. Blue Notes den Versuch dar, die charakteristischen Intervalle der afro-amerikanischen Volksmusik innerhalb unseres Tonsystems darzustellen. Den Namen bekamen diese Töne durch ihre Verwendung im (gesungenen) Blues der schwarzen Sklaven in Amerika zu Anfang dieses Jahrhunderts. Diese mit unserer temperierten Stimmung (also z. B. auf dem Klavier) nicht darstellbaren Tonhöhen sind im einzelnen:

- die erste Blue Note, die zwischen der großen und kleinen Terz liegt (und beide ersetzt),
- die zweite Blue Note, die etwas tiefer liegt als die reine Quinte,
- die dritte Blue Note, die ungefähr unserer kleinen Septime entspricht.

Unter Einbeziehung der Blue Notes haben sich diverse Tonleitern entwickelt, die als Blues-Tonleiter bezeichnet werden, z.B.:

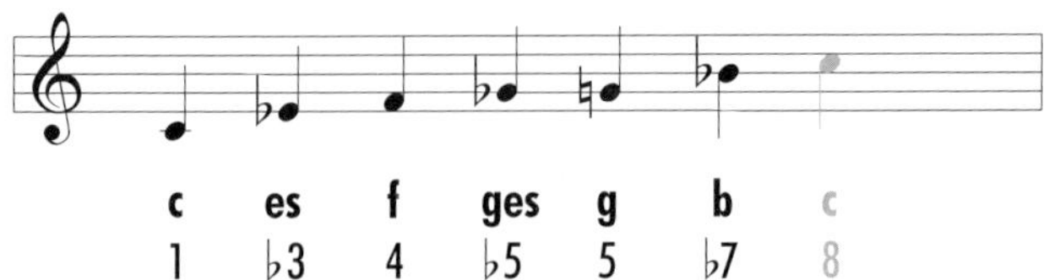

Die Modi der Dur-Tonleiter (Kirchentonarten)

Bei der Bildung von Dur-Tonleitern mit unterschiedlichen Grundtönen wurde folgendes Prinzip angewandt:

Die Töne ändern sich, die Intervallstruktur bleibt gleich.

Dieses Prinzip kann umgekehrt werden in:

Die Töne bleiben gleich, die Intervallstruktur ändert sich.

Dafür wird die C-Dur-Tonleiter einmal von C, einmal von D, einmal von E usw. begonnen, ohne irgendeinen der leitereigenen Töne zu alterieren. Es entstehen 7 Skalen, die alle die Töne von C-Dur enthalten, von denen aber jede eine andere Intervallstruktur aufweist.
Diese sieben Skalen sind die sogenannten **Modi** von C-Dur (manchmal auch Kirchentonarten genannt).
Die Modi sind wesentlich älter als das heutige Dur/Moll-System. Sie sind hier mit ihren Namen versehen und zum besseren Vergleich der Intervallstruktur alle mit c' als Grundton notiert:

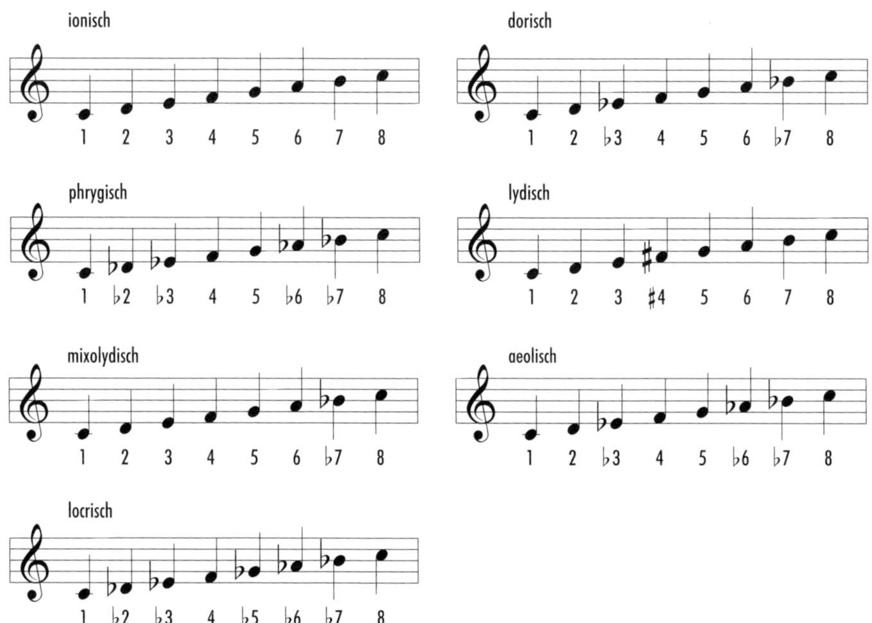

Genauso, wie alle Dur-Tonarten von C-Dur abgeleitet werden können, kann die Intervallstruktur jedes Modus' von jedem Ton aus gebildet werden. Die Vorgehensweise ist identisch: Der Bauplan wird von einem anderen Anfangston ausgehend ausgeführt, die Intervallstruktur bleibt gleich, während sich die Töne ändern.

Das folgende Beispiel mit dem dorischen Modus mit Grundton d und dem dorischen Modus mit Grundton e (auch D-Dorisch und E-Dorisch genannt) soll dies verdeutlichen:

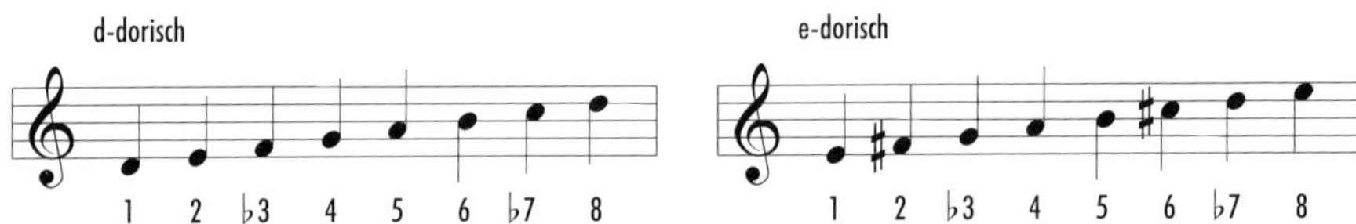

Die Modi werden häufig nach ihrer Intervallstruktur in dur- und mollverwandte Tonleitern unterteilt.

Zu den **durverwandten** Modi gehören die Modi mit einer großen Terz zwischen Grundton und drittem Ton:

- ionisch (Dur)
- lydisch
- mixolydisch.

Zu den **mollverwandten** Modi gehören die Modi mit einer kleinen Terz:

- dorisch
- phrygisch
- aeolisch (natürliches Moll)

Der locrische Modus bildet eine Ausnahme, er lässt sich weder den dur- noch den mollverwandten Modi eindeutig zuordnen.

Weitere Tonleitern

1. Die pentatonische Tonleiter

Die pentatonische Tonleiter besteht aus fünf Tönen (griech. *penta* = fünf) und enthält keine Halbtonschritte. Sie gehört zu den ältesten bekannten Tonleitern und wird heute noch in der traditionellen Musik vieler Völker verwendet.
Da die pentatonische Tonleiter keine Halbtonschritte enthält, fehlt ihr die für die abendländische Melodik und Harmonik typische Leittonspannung; sie ist funktional nicht so eindeutig zuzuordnen wie andere Tonleitern. Der durch diese einfache Struktur entstehende besondere Reiz ist einer der Gründe für die große Beliebtheit dieser Tonleiter in jeglicher Form improvisierter Musik.

Es gibt zwei wichtige Grundformen der pentatonischen Tonleiter: die **Dur-Pentatonik** und die **Moll-Pentatonik**.

- Die **Dur-Pentatonik** entsteht aus der Schichtung von 4 Quinten: c-g-d-a-e. In der Reihenfolge der Tonhöhe innerhalb einer Oktave notiert, ergibt sich folgende Tonleiter:

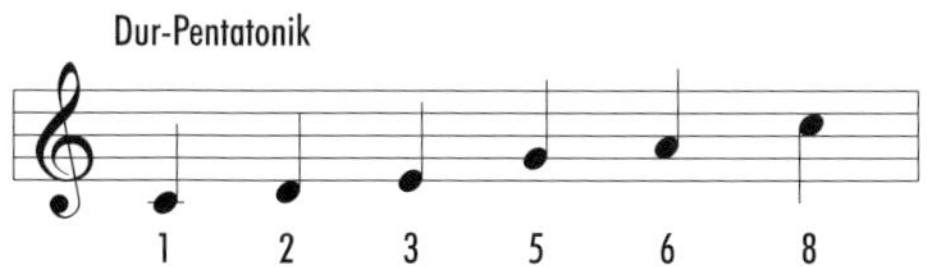

  Durch die große Terz (zwischen Grundton und drittem Ton) gehört diese Tonleiter zu den durverwandten Tonleitern.

- Die **Moll-Pentatonik** kann als 5. Modus der Dur-Pentatonik interpretiert werden. Sie enthält die kleine Terz und die kleine Septime und ist dadurch eine mollverwandte Tonleiter.

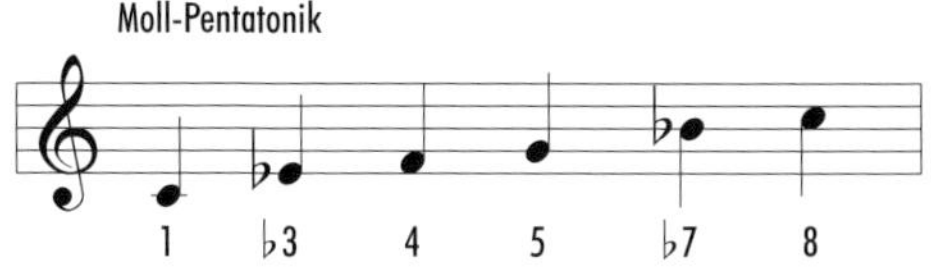

Dies sind nur die beiden bekanntesten aus einer Vielzahl theoretisch möglicher Fünfton-Tonleitern.

2. Die chromatische Tonleiter

Die chromatische (griech. *chroma* = Farbe) Tonleiter enthält alle zwölf Töne unseres Tonsystems. Es gibt daher nur eine chromatische Tonleiter, aus der jeder beliebige Akkord abgeleitet werden kann.

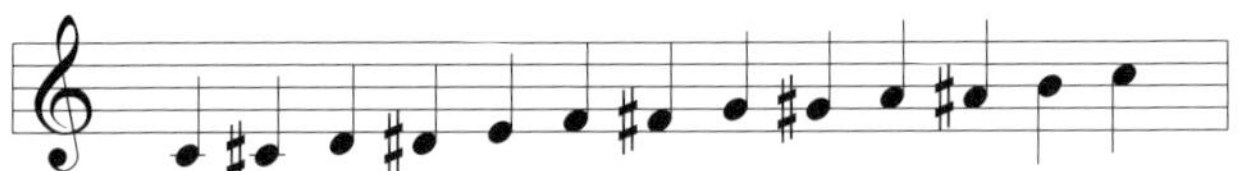

3. Die Ganzton-Tonleiter

Die Ganztonleiter teilt den Oktavraum in Ganztonschritte ein.
Durch die gleichbleibende Intervallstruktur ohne Halbtonschritt kann jeder der sechs Töne dieser Skala als Grundton gedeutet werden. Die d-Ganzton-Tonleiter verwendet also dieselben Töne wie diejenige auf c oder e usw. Es gibt daher eigentlich nur zwei verschiedene Ganztonleitern.

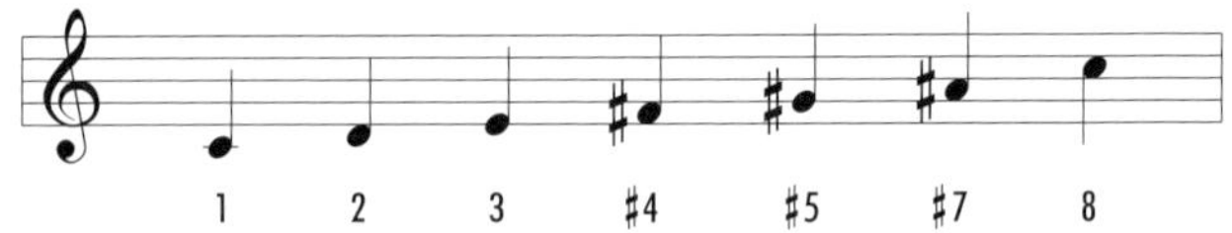

4. Die Ganzton/Halbton-Tonleiter (GT/HT)

Diese achttönige Tonleiter wird durch abwechselndes Aneinanderreihen von Ganz- und Halbtonschritten gebildet.
Aufgrund der **symmetrischen** Intervallstruktur wiederholen sich die Tonleitertöne jeweils in Abständen von einer kleinen Terz, d. h. die Es-GT/HT-Tonleiter verwendet dieselben Töne wie die C-GT/HT-Tonleiter. Es gibt deshalb nur drei verschiedene Ganzton/Halbton-Leitern.

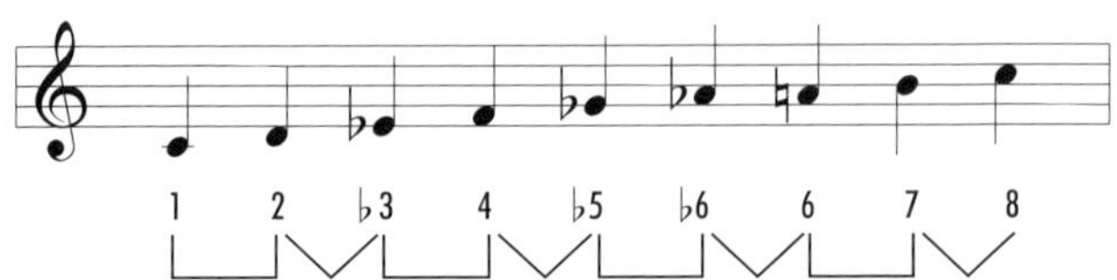

5. Die Halbton/Ganzton-Tonleiter (HT/GT)

Diese Tonleiter besteht genau wie die Ganzton/Halbton-Tonleiter aus acht Tönen. Sie wird durch abwechselndes Aneinanderreihen von Halbton- und Ganztonschritten gebildet.
Auch bei dieser Tonleiter wiederholen sich die Tonleitertöne jeweils in Abständen von einer kleinen Terz. Es gibt deshalb eigentlich nur drei verschiedene Halbton/Ganzton-Leitern.
Die Halbton/Ganzton-Leiter enthält sowohl die Moll- als auch die Dur-Terz. Diese Tonleiter passt durch die vielen Halbtonschritte zu einem Großteil der wichtigsten Akkordstrukturen.

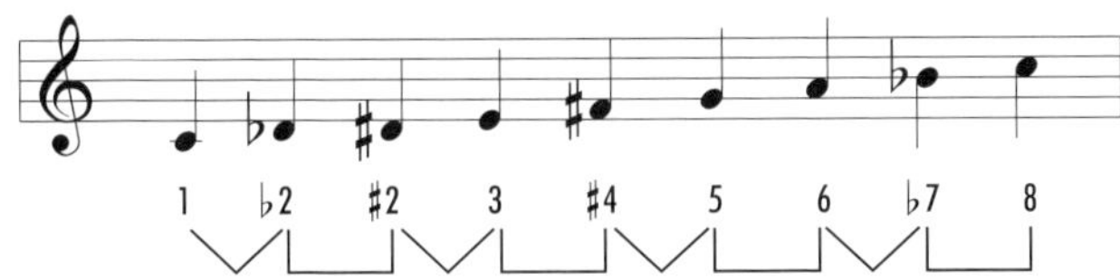

Der Quintenzirkel

Der **Quintenzirkel** stellt die Verwandtschaftsbeziehungen der verschiedenen Tonarten in graphischer Form dar und ist ein unverzichtbares Hilfsmittel für die musikalische Analyse und die Komposition.

Wenn man von einem beliebigen Ton aus (hier als Beispiel: C) Quinten nach oben und nach unten aneinanderreiht, schließt sich nach 6 Quinten ein Kreis, denn Ges entspricht bei enharmonischer Verwechslung Fis. Je weiter zwei Harmonien auf der Quintenreihe oder auf dem Quintenzirkel auseinanderliegen, desto weniger sind sie miteinander verwandt.
Von zentraler Bedeutung sind die Verwandtschaftsverhältnisse zwischen Tonarten, die im Quintenzirkel benachbart sind, beispielsweise C-Dur, F-Dur und G-Dur.

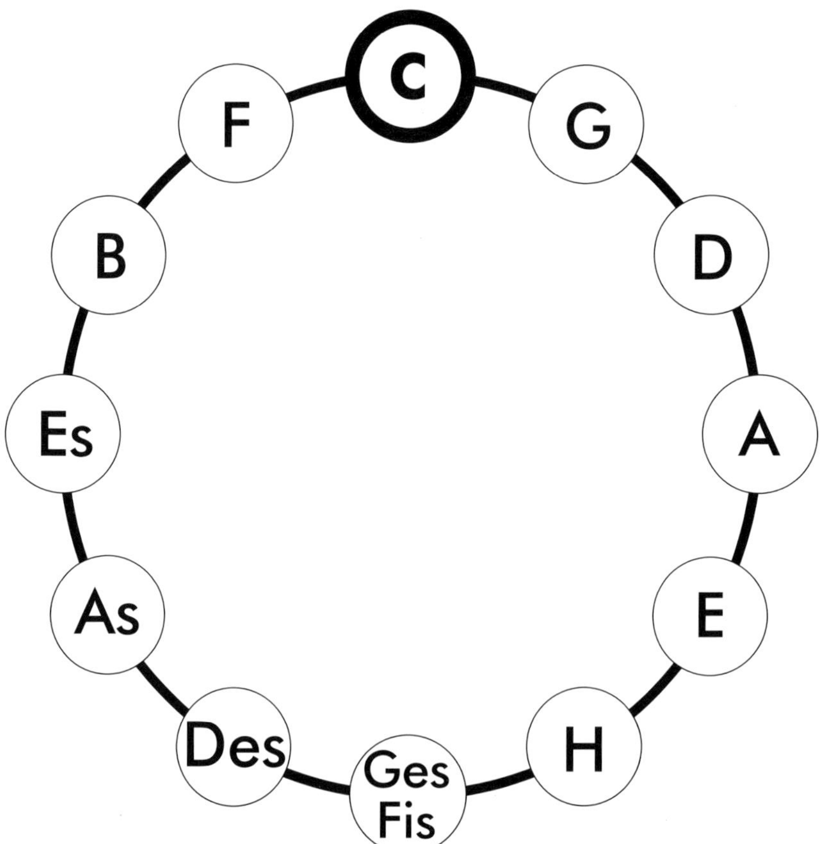

Außer der Quinte können auch einige andere Intervalle zur Zirkelbildung verwendet werden. Die wichtigsten anderen Zirkel sind der Kleinterzzirkel und der Großterzzirkel.
Für die Analyse werden manchmal mehrere Zirkel miteinander kombiniert, um alle wichtigen Verwandtschaftsverhältnisse eines Zentraltones zusammen darstellen zu können. Die folgende Grafik ist ein Beispiel für eine solche Kombination:

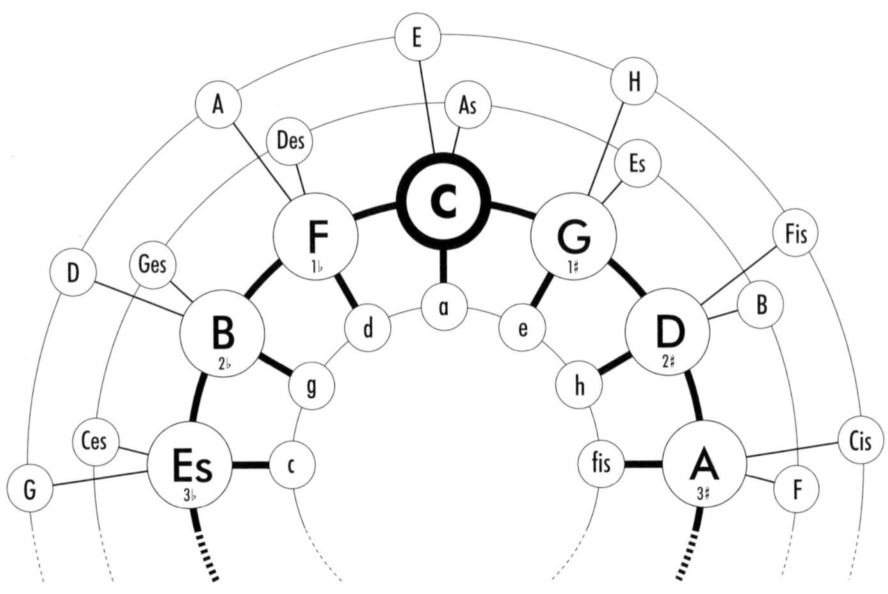

Hier sind neben den Quintverwandtschaften die verschiedenen Terzbeziehungen hinzugefügt.

Reine und temperierte Stimmung

Die Intervalle der europäischen Musik sind aus physikalischen Grundlagen abgeleitet worden:

- Ist eine Saite halb so lang wie eine andere (Längenverhältnis 1:2), so ist ihre Tonhöhe doppelt so hoch. Dies entspricht dem Intervall der Oktave.

- Zwei Saiten im Verhältnis 2:3 klingen im Abstand einer Quinte.

Ebenso lassen sich die anderen Intervalle ableiten.

Dieses System, so einfach es auch klingt, hat jedoch einige Makel, denn die physikalischen Größen der verschiedenen Intervalle stimmen nicht genau überein. Man könnte auch sagen, die Intervalle passen nicht genau zueinander.
So ist z. B. der Abstand von vier großen Terzen (**c**-d-gis-**his/c**) etwas kleiner als eine Oktave (c-c).
Stapelt man 12 Quinten übereinander, sollte die Spanne 7 Oktaven entsprechen, sie ist jedoch etwas kleiner.

Aus diesem Grund verwendet man seit dem Ende des 17. Jahrhunderts die **temperierte Stimmung**, die auf Andreas Werckmeister zurückgeht. In der temperierten Stimmung wird die Oktave in zwölf gleiche Teile geteilt. Als Maßeinheit wird **Cent** eingeführt. Eine Oktave hat 1200 Cent, ein Halbton 100 Cent.
Verwendet man beim Musizieren die physikalisch exakten Intervalle, so spricht man von **reiner Stimmung**. Diese findet jedoch kaum Verwendung, zumal man auch nicht auf allen Instrumenten in reiner Stimmung spielen kann.

5. Akkorde

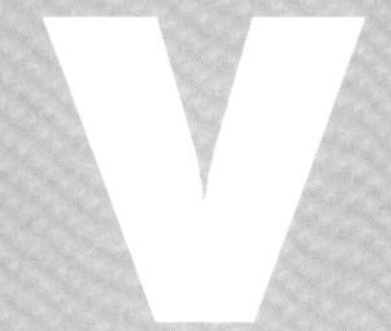

Akkord und Dreiklang

Mit dem Begriff **Akkord** ist in der traditionellen Harmonielehre das gleichzeitige Erklingen von drei oder mehr Tönen gemeint. Der einfachste und am häufigsten verwendete Akkord ist der **Dreiklang**. Er besteht aus drei gleichzeitig gespielten Tönen. Ein Dreiklang besteht nicht aus drei völlig beliebigen Tönen, für seinen Aufbau gibt es bestimmte Gesetzmäßigkeiten. Die wichtigsten sind:

1. Jeder Dreiklang hat einen Grundton, der ihm seinen Namen gibt.
2. Der Dreiklang wird gebildet, indem vom Grundton ausgehend zwei Terzen übereinandergeschichtet werden.
3. Es werden (vorerst) nur Töne aus der gleichnamigen Tonleiter verwendet.

Der Dur-Dreiklang

Als Beispiel: Die Bildung des **C-Dur-Dreiklangs**.

1. Für einen C-Dur-Dreiklang ist der Ton c der Grundton.
2. In der C-Dur-Tonleiter ist die Terz von c der Ton e.
3. Von dem Ton e aus wird eine weitere Terz in der C-Dur-Tonleiter gebildet. Man erhält den Ton g:

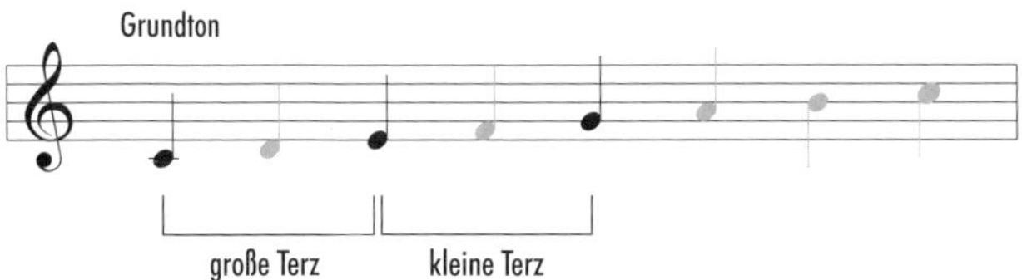

Die beiden Terzen bilden übereinandergeschichtet den C-Dur-Dreiklang.

Ein Dur-Dreiklang besteht aus einer **großen** Terz und einer **kleinen** Terz. In der Akkordsymbolschrift wird der Dur-Dreiklang meist mit dem Großbuchstaben seines Grundtones bezeichnet (z. B.: C).

Da die Töne eines Akkordes gleichzeitig erklingen sollen, werden sie übereinander notiert und erhalten einen gemeinsamen Hals.
Die Töne eines Akkordes werden häufig mit den Intervallnamen bezeichnet. Der mittlere Ton dieses Dur-Dreiklangs ist „die Terz", der höchste ist „die Quinte".

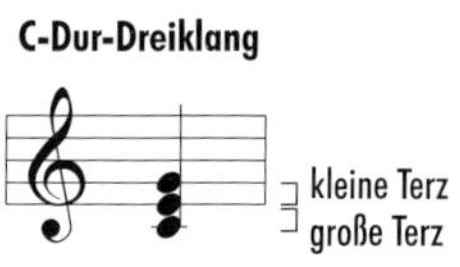

Der Moll-Dreiklang

Für die Bildung eines **Moll-Dreiklangs** gelten dieselben Regeln wie für den Dur-Dreiklang (s. S. 61). Es wird jedoch anstelle der Dur-Tonleiter die Moll-Tonleiter als Grundlage verwendet.

In der A-Moll-Tonleiter werden (vom Grundton ausgehend) zwei Terzen übereinandergeschichtet und bilden den A-Moll-Dreiklang. Da die Moll-Tonleiter einen anderen Aufbau hat als die Dur-Tonleiter, unterscheiden sich auch die einzelnen Intervalle eines Moll-Dreiklangs von denen des Dur-Dreiklangs:

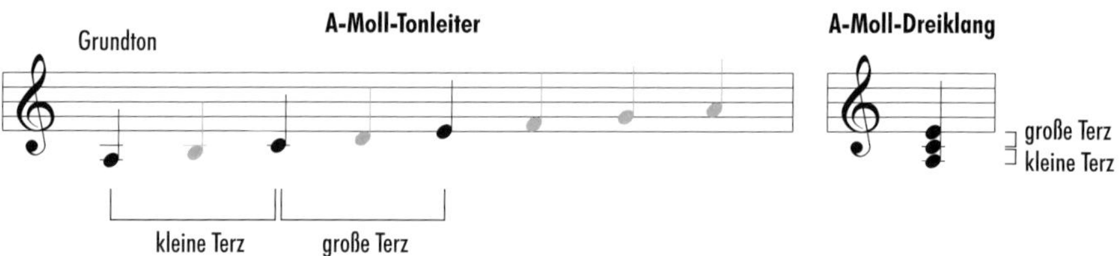

Ein Moll-Dreiklang besteht aus einer **kleinen** Terz und einer **großen** Terz. In der Akkordsymbolschrift wird der Moll-Dreiklang meist durch ein an den großgeschriebenen Grundtonbuchstaben angehängtes „m" bezeichnet (z. B. Am). Auch ein Kleinbuchstabe wird häufig als Kürzel für den Moll-Dreiklang verwendet.

- Dur-Dreiklang: große Terz - kleine Terz (Symbol: Großbuchstabe)
- Moll-Dreiklang: kleine Terz - große Terz (Symbol: Großbuchstabe mit angehängtem „m" oder Kleinbuchstabe)

Verminderter und übermäßiger Akkord

Aus der Kombination von großer Terz und kleiner Terz können zwei weitere grundlegende Dreiklänge gebildet werden: der verminderte und der übermäßige Akkord.

- Der **verminderte Akkord** (Symbol „o")
  Dieser Akkord besteht aus zwei kleinen Terzen.

- Der **übermäßige Akkord** (Symbol „+")
  Dieser Akkord besteht aus zwei großen Terzen.

In der Praxis wird der verminderte Akkord meist durch eine weitere kleine Terz zu einem Vierklang, dem **verminderten Septakkord** (Symbol „o7") ergänzt.

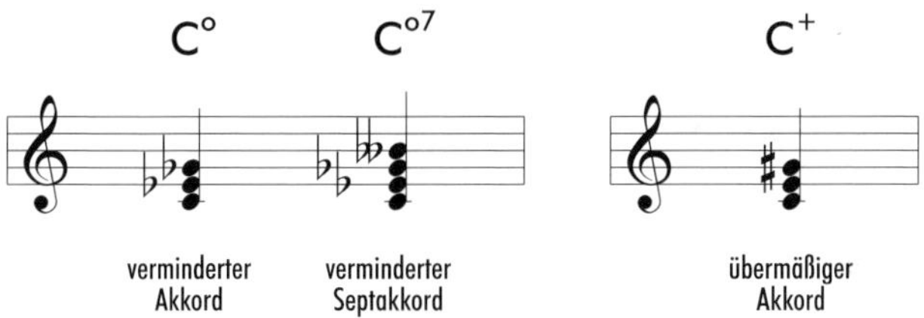

Vierklänge

Wird zu einem bereits vorhandenen Dreiklang ein weiterer Ton hinzugefügt, erhält man einen **Vierklang**.
Es gibt verschiedene Möglichkeiten, einen Dreiklang zu einem Vierklang zu erweitern. Die einfachste besteht darin, einem Dreiklang eine weitere Terz hinzuzufügen. Man erhält damit zwei weitere wichtige Klänge: die Septakkorde.

Septakkorde

Durch das Hinzufügen einer weiteren Terz zum Grunddreiklang können zwei der wichtigsten Vierklänge gebildet werden:

- der **Dominantseptakkord** (gr. Terz, kl. Terz, kl. Terz, Symbol: 7)
- der **Dur-Septakkord** (gr. Terz, kl. Terz, gr. Terz, Symbol: maj7).

Sie erhalten ihre Namen nach dem Rahmenintervall, dem Abstand zwischen unterstem und oberstem Ton.

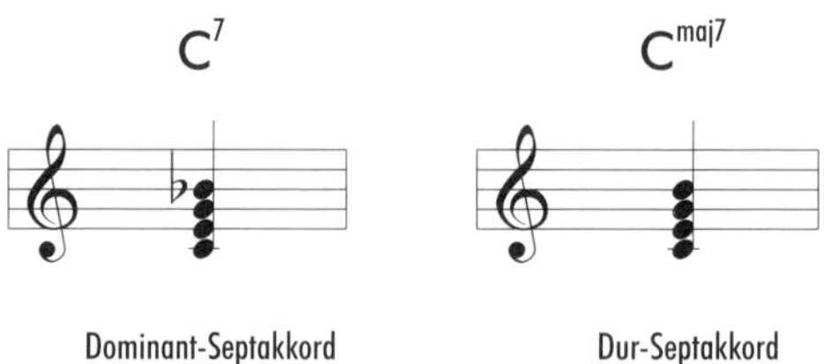

Dominant-Septakkord Dur-Septakkord

In der traditionellen Harmonielehre werden Dominantseptakkorde als spannungsvolle Akkorde aufgefasst, deren Auflösung unbedingt vollzogen werden muss.

Mehrklänge

Jeder Dreiklang kann durch Hinzufügen weiterer Terzen erweitert werden. In der Akkordsymbolschrift werden dem Grunddreiklang hinzugefügte Töne mit ihren Intervallzahlen benannt.

Ausgehend vom einfachsten Akkord, dem Dur-Dreiklang lassen sich diese Erweiterungen theoretisch bis zum $^{7/9/11/13}$-Akkord fortführen.
Der $^{7/9/11/13}$-Akkord kann als vollständige, gleichzeitig gespielte Tonleiter verstanden werden. Die Zahl „15" als Intervallbezeichnung entspricht dann wieder dem Grundton.

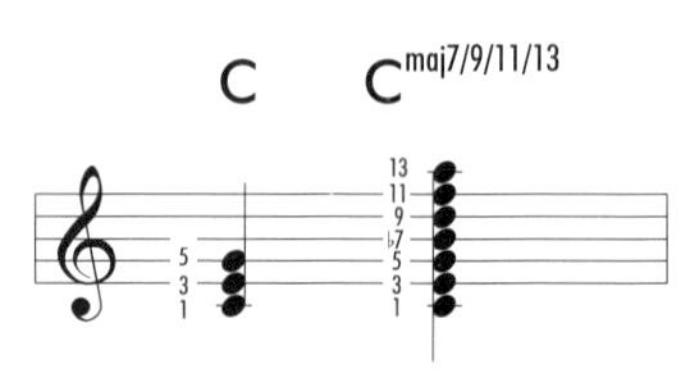

Alle hinzugefügten Töne, die nicht im Grunddreiklang enthalten sind, werden als **Spannungstöne** oder **Optionstöne** bezeichnet.
Häufig werden Spannungstöne nicht vollständig im Akkordsymbol aufgeführt. Im Jazz wird oft nur das größte Intervall benannt, die Zwischentöne automatisch hinzugefügt: Ein C^{13}-Akkord wird dann als $C^{7/9/11/13}$ gespielt.

Mehrklänge werden oft nach der Anzahl der enthaltenen Töne benannt: Vierklang, Fünfklang, Sechsklang etc.

Weitere Akkorde

Zusätzlich zu der Erweiterung durch weitere Terzen oder der Verdoppelung einzelner Akkordtöne können zu einem Akkord Töne hinzugefügt werden (z. B. die Sexte), oder Akkordtöne ersetzt werden (z. B. die Terz durch die Quarte). Speziell bei Mehrklängen können Akkordtöne alteriert, also erniedrigt oder erhöht werden.
Hier sind drei der wichtigsten Akkorde:

- **Akkord mit hinzugefügter None**

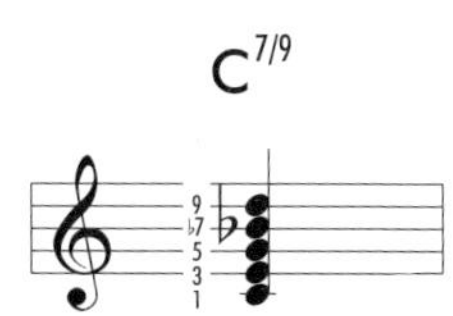

Der Dominantseptakkord wird durch eine Terz über der Septime erweitert. Man fügt also den 9. Ton der Tonleiter hinzu.
Es gibt verschiedene Möglichkeiten einen Nonenakkord zu bilden: über einem Dur-Akkord, über einem Moll-Akkord, weiterhin mit kleiner oder großer None.

- **Akkord mit hinzugefügter Sexte**

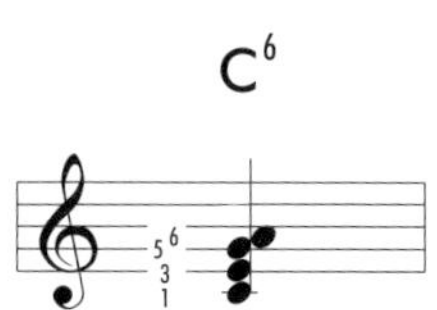

Dem Dur-Dreiklang wird die 6. Stufe der Tonleiter hinzugefügt. Der Fachausdruck für diese Erweiterung lautet *sixte ajoutée*.

- **Der sus-4-Akkord**

Bei diesem Akkord wird die Terz (der Dur-Tonleiter) durch die 4. Stufe ersetzt und damit ein sog. Vorhaltsakkord gebildet (sus = Suspension, Vorhalt).
Die Quarte erzeugt in diesem Akkord eine Spannung, die zur Auflösung in die Terz des Dur-Dreiklangs strebt.

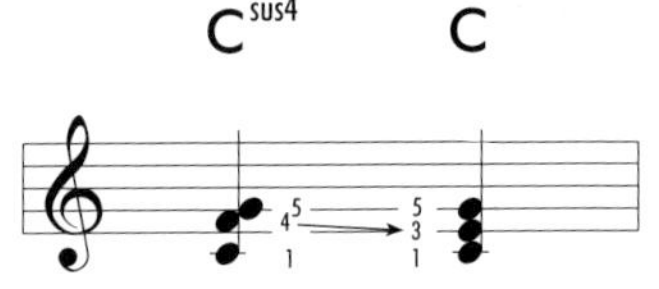

Umkehrungen

Ein Akkord kann in verschiedenen Formen auftreten, je nachdem, in welcher Reihenfolge die Töne stehen.
Bei einem Dreiklang gibt es drei Varianten:

- Bei der ersten Variante ist der Grundton der tiefste Ton. Dies ist die **Grundstellung** des Akkordes.
- Wird der Grundton des Akkordes oktavtransponiert (eine Oktave nach oben verschoben) erhält man die **1. Umkehrung** des Akkordes. In dieser Umkehrung ist der Grundton der höchste Ton, die Terz der tiefste. Die 1. Umkehrung eines Dreiklanges wird auch **Sextakkord** genannt.
- Die **2. Umkehrung** wird gebildet, indem der tiefste Ton der 1. Umkehrung (die Terz) oktavtransponiert wird. Hier ist dann die Quinte der tiefste Ton. Die 2. Umkehrung eines Dreiklanges wird auch **Quartsextakkord** genannt.

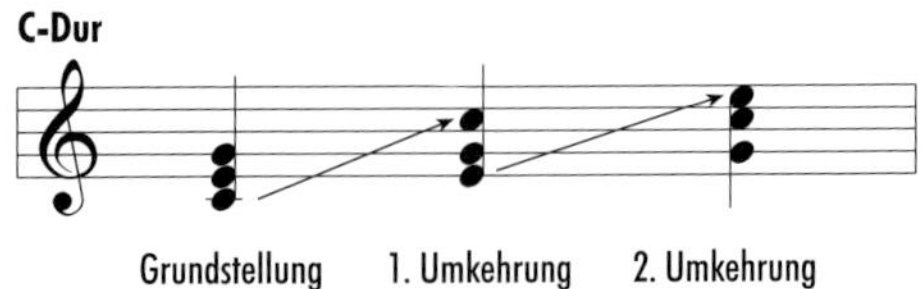

Der Akkord bleibt immer der gleiche, egal in welcher Reihenfolge die Töne übereinandergeschichtet werden. In diesem Fall sind alle Akkorde C-Dur-Dreiklänge, der Grundton ist c.

Umkehrungen von Vierklängen

Auch von diesen Akkorden können Umkehrungen gebildet werden. Da es sich um Vierklänge handelt, gibt es außer der Grundstellung **drei Umkehrungen**.

Eigene Bezeichnungen tragen in der traditionellen Harmonielehre nur die Umkehrungen des Dominantseptakkordes. Diese Umkehrungen sind nach den im Akkord vertretenen Intervallen benannt:

- 1. Umkehrung: **Quintsextakkord**
- 2. Umkehrung: **Terzquartakkord**
- 3. Umkehrung: **Sekundakkord.**

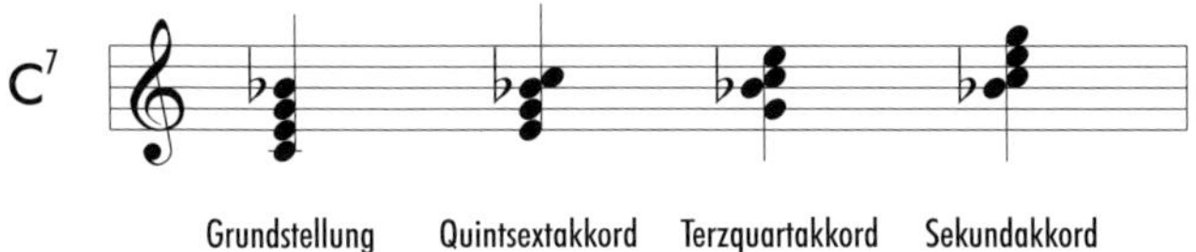

Akkordlagen und Voicings

Wenn die Töne eines Akkordes so angeordnet werden, dass zwischen ihnen ein weiterer Akkordton Platz hätte, spricht man von einem *Akkord in weiter Lage*:
Bei diesem Beispiel ließen sich weitere Akkordtöne (e' und c'') zwischen die notierten Akkordtöne einfügen.

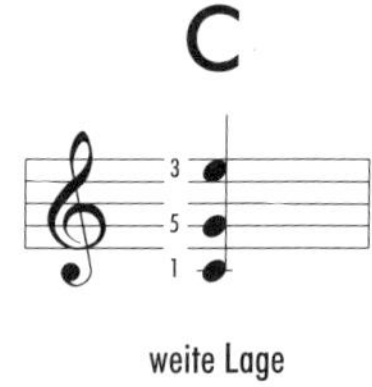

weite Lage

In der traditionellen Harmonielehre wird der Begriff **Lage** auch noch in einem anderen Zusammenhang verwendet. Je nachdem, welcher Akkordton der höchste ist, spricht man von der **Oktavlage** (höchster Ton ist der Grundton), der **Terzlage** (höchster Ton ist die Terz) oder der **Quintlage** (höchster Ton ist die Quinte) eines Akkordes.

Die speziellen Erscheinungsformen eines bestimmten Akkordes werden in der Jazz-Harmonik unter dem Begriff **Voicing** zusammengefasst. Es gibt unzählige Möglichkeiten, ein Voicing eines gegebenen Akkordes zu erstellen; hier eine Auswahl:

- **drop 2**: Die drop 2-Technik ist eine Methode, um Akkorde „auseinanderziehen". Dabei wird die 2. Stimme um eine Oktave nach unten verlegt.

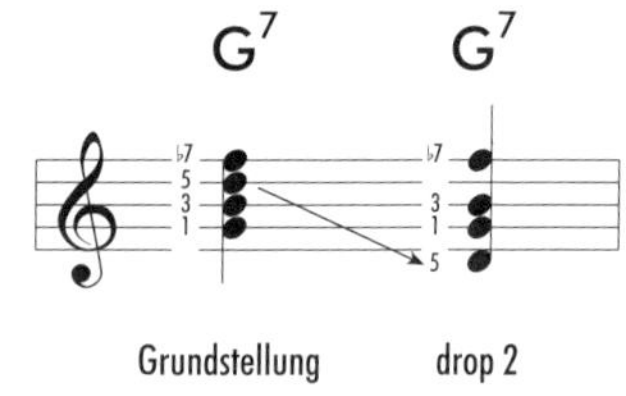

Grundstellung drop 2

- **drop 3** und **drop 2+4**: Diese und ähnliche drop-Varianten sind seltener, funktionieren aber nach dem gleichen Prinzip: Die jeweiligen Stimmen werden in den Bass verlegt.

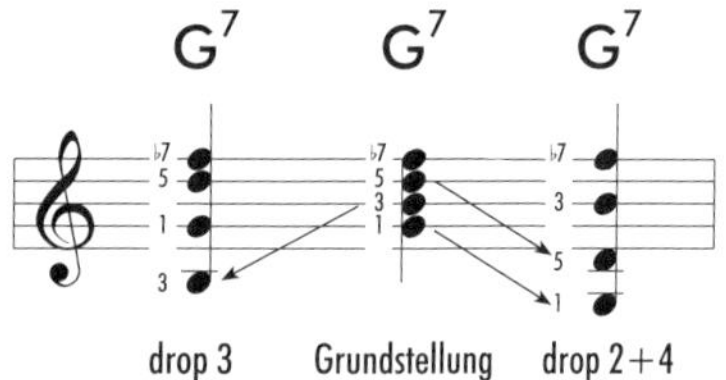

drop 3 Grundstellung drop 2+4

Die „Drop-Technik" kann auch umgekehrt werden: Einzelne Stimmen werden in die Oberstimme verlegt.

Leitereigene Akkorde

Alle Akkorde, die aus den Tönen einer Tonleiter gebildet sind, werden als **leitereigene Akkorde** dieser Tonleiter bezeichnet. Die wichtigsten dieser Akkorde sind die sogenannten **Stufendreiklänge**. Sie entstehen, indem auf jedem Ton einer Tonleiter der leitereigene Dreiklang gebildet wird. In C-Dur z. B.:

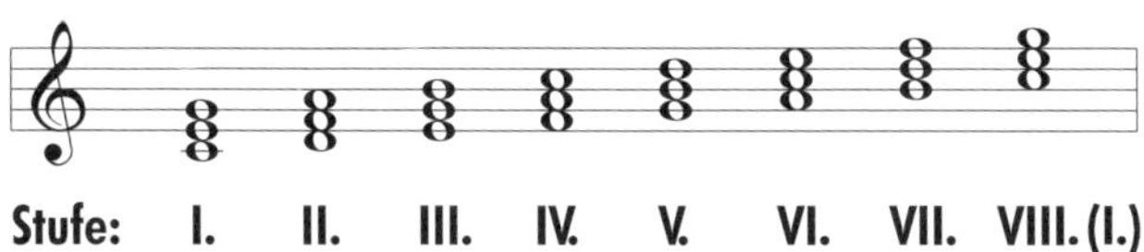

Die Stufenbezeichnungen werden auch als Kurzschrift für häufig verwendete Akkordfolgen und Kadenzen verwendet.
In C-Dur wäre II-VI-V-I die Abkürzung für die Akkordfolge:

$$Dm^{(7)} - Am^{(7)} - G^{(7)} - C\text{-}Dur^{(maj7)}$$

(Die Zahlen in Klammern gelten für leitereigene Vierklänge.)

In der traditionellen Harmonielehre hat jeder dieser Akkorde eine bestimmte Funktion, sie werden deshalb auch **Funktionen** der Tonart genannt.
Die wichtigsten Funktionen sind:

- der Dreiklang auf der 1. Stufe (die **Tonika**, Symbol: **T**),
- der Dreiklang auf der 4. Stufe (die **Subdominante**, Symbol: **S**) und
- der Dreiklang auf der 5. Stufe (die **Dominante**, Symbol: **D**).

Diese drei Durakkorde werden zusammenfassend als **Hauptfunktionen** bezeichnet, die anderen vier Akkorde als **Nebenfunktionen**.

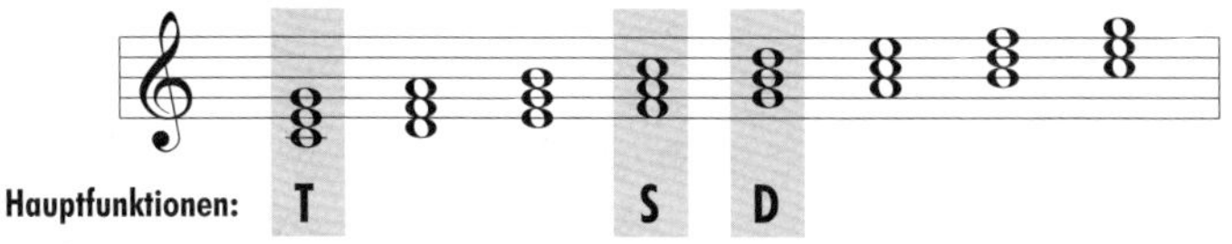

Die Kadenz

Die häufigste Akkordverbindung ist die **Kadenz** (lat. *cadere* = fallen). In der einfachsten Version besteht die Kadenz aus den drei Hauptfunktionen einer Tonart, die in einer bestimmten Reihenfolge (1. Stufe - 4. Stufe - 5. Stufe - 1. Stufe) gespielt werden.
In der folgenden Beispiel-Kadenz in C-Dur sind die Stufendreiklänge durch Verdoppelung des Grundtones zu Vierklängen erweitert, es handelt sich um einen sogenannten **vierstimmigen Satz**.

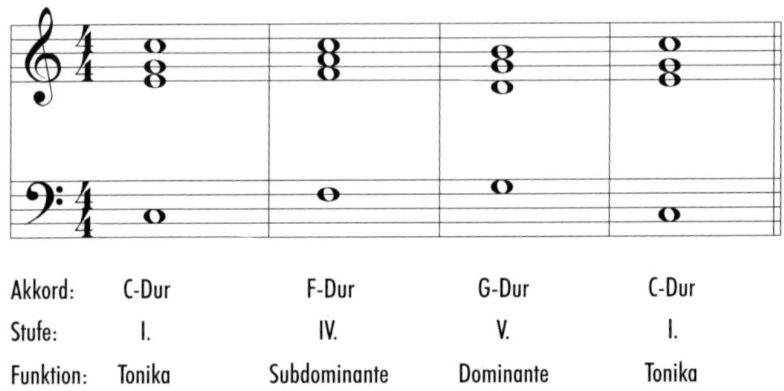

Wenn die drei Hauptfunktionen einer Tonart unmittelbar aufeinander folgen, sind alle Töne der betreffenden Tonart erklungen. Deshalb ist die Kadenz ein wichtiges Mittel, um eine Tonart eindeutig festzulegen. In der traditionellen Harmonielehre ist die Kadenz der grundlegende und damit wichtigste Vorgang.

Die Akkordsymbolschrift

Die Akkordsymbolschrift ist eine Kurzschrift für Akkorde. Sie wird als Grundlage für die Begleitung einer Melodie oder als Basis zur Improvisation verwendet. Mit Akkordsymbolen können alle wichtigen Informationen über den Aufbau eines Akkordes in kurzer, übersichtlicher Form dargestellt werden.
In der Akkordsymbolschrift werden Akkorde durch eine Kombination von Buchstaben, Abkürzungen und Ziffern dargestellt.
Für diese Kürzel gelten einige Regeln:

- Der Grunddreiklang wird mit dem Buchstaben seines Grundtones bezeichnet, die Schreibweise gibt Auskunft über das Klanggeschlecht (Dur oder Moll). Alle weiteren Töne und Änderungen werden mit den Intervallzahlen der Dur-Tonleiter bezeichnet.

- Alterationen der Akkordtöne werden durch ♭ und ♯ angegeben.

- Die Septime (7) erscheint in der Zahlenfolge immer an erster Stelle, da sie als fester Bestandteil des Akkordes angesehen wird und nicht als zusätzlicher Optionston (wie z. B.: 9, 11, 13).

- Die Sexte (6) wird, sofern der Akkord außerdem eine Sept (7) enthält, als 13 bezeichnet.

- Die add-Erweiterungen werden dem Grunddreiklang hinzugefügt, dagegen ersetzen die sus-Erweiterungen die Terz des Grunddreiklangs.

Die Septime nimmt innerhalb dieser Regeln eine Sonderstellung ein:
Das Symbol „7" steht immer für die kleine Septime. Soll dem Akkord eine große Septime hinzugefügt werden, muss dies gesondert gefordert werden (z. B. mit dem Zusatz „maj7").
Es gibt verschiedene Formen der Akkordsymbolschrift, die sich in Details unterscheiden; das Grundprinzip ist bei allen gleich.

Übersicht über die Akkordsymbolschrift

Symbol	Akkordaufbau
Dur	1–3–5
6	1–3–5–6
add9	1–3–5–9
6 / 9	1–3–5–6–9
sus4	1–4–5
maj7	1–3–5–maj7
maj7 / ♯5	1–3–♯5–maj7
maj7 / 9	1–3–5–maj7–9
maj7 / ♯11	1–3–maj7–♯11
maj7 / 13	1–3–5–maj7–13
maj7 / 9 / 13	1–3–5–maj7–9–13
moll	1–♭3–5
moll 6	1–♭3–5–6
moll 6 / 9	1–♭3–5–6–9
moll 7	1–♭3–5–♭7
moll 7 / ♭5	1–♭3–♭5–♭7
moll 7 / 9	1–♭3–5–♭7–9
moll maj7	1–♭3–5–maj7
moll maj7 / 9	1–♭3–5–maj7–9
moll add9	1–♭3–5–9
moll 7 / 11	1–♭3–5–♭7–11

Symbol	Akkordaufbau
moll 7 / 9 / 11	1–♭3–5–♭7–9–11
moll add11	1–♭3–5–11
7	1–3–5–♭7
7 sus4	1–4–5–♭7
7 / 9	1–3–5–♭7–9
7 / 9 / 13	1–3–5–♭7–9–13
7 / 9 / ♯11	1–3–♭7–9–♯11
7 / 9 / ♭13	1–3–♭7–9–♭13
7 / ♭9	1–3–5–♭7–♭9
7 / ♭9 / ♯11	1–3–♭7–♭9–♯11
7 / ♭9 / 13	1–3–5–♭7–♭9–13
7 / ♭9 / ♭13	1–3–5–♭7–♭9–♭13
7 / ♯9	1–3–5–♭7–♯9
7 / ♯9 / ♯11	1–3–♭7–♯9–♯11
7 / ♯9 / ♭13	1–3–5–♭7–♯9–♭13
7 / ♯11	1–3–♭7–♯11
7 / 13	1–3–5–♭7–13
7 / 13 / sus4	1–4–5–♭7–13
7 / ♭13	1–3–5–♭7–♭13
o7	1–♭3–♭5–𝄫7
+	1–3–♯5

Akkordsynonyme

Das Lexikon definiert Synonym (griech. „von gleichem Namen") als: inhaltliche Übereinstimmung zweier oder mehrerer sprachlicher Zeichen bei unterschiedlicher lautlicher Form, z. B. „Fleischer" und „Metzger".

Das bedeutet: Derselbe Akkord kann verschiedene Namen tragen, je nachdem, aus welchem Blickwinkel er betrachtet wird. Dieser Blickwinkel kann von der harmonischen Umgebung des Akkords, seiner Funktion innerhalb eines Stückes oder der Absicht des Musikers abhängen.

Hierzu ein Beispiel:

Der Akkord C-E-G-A würde in dieser Form die Bezeichnung C^6 (C-Dur-Akkord mit hinzugefügter großer Sexte) tragen.

Wenn man die Töne desselben Akkords in eine andere Reihenfolge bringt, zum Beispiel A-C-E-G, würde derselbe Akkord zweckmäßiger als Am^7 (A-Moll-Septakkord) bezeichnet. In diesem Fall sind C^6 und Am^7 Synonyme für ein- und denselben Akkord. Dieser Akkord trägt zwei Namen.

Dieses Konzept der Akkordumdeutung wird in der (Jazz-) Improvisation häufig eingesetzt. In der folgenden Synonymtabelle, die in alle Tonarten transponiert werden kann, sind einige grundlegende Akkordsynonyme aufgeführt.

Akkordsynonyme in C-Dur

Akkordsymbol	**Akkordtöne**	**mögl. Synonyme**
C^{sus4}	C-F-G	F^{sus2}
C^6	C-E-G-A	Am^7
$C^{6/9\ (o.\ 1)}$	E-G-A-D	$A^{7/sus4}$
$C^{6/9\ sus4}$	C-F-A-D	$F^{6/9}$
$C^{13/sus4}$	C-F-G-A	F^{add9}
Cm^6	C-E♭-G-A	$Am^{7/\flat 5}$
Cm^7	C-E♭-G-B	$E\flat^6$
$Cm^{6/9}$	C-E♭-G-A-D	$Am^{7/11/\flat 5}$
$C^{7/\flat 9\ (o.\ 1)}$	(C)-E-G-B♭-D♭	D♭°, E°, G°, B♭°
$C^{7/\sharp 9/\sharp 11\ (b5)}$	C-E-B♭-D♯-G♭	$G\flat^{7/6/\sharp 11}$

Akkordübersicht

Um eine Vorstellung von der Vielzahl möglicher Akkorde zu geben, sind auf den folgenden Seiten die wichtigsten Akkorde mit Grundton C dargestellt. Sie sind mit ihren Bezeichnungen versehen und nach „Akkordfamilien" geordnet: Dur-, Moll-, und Dominantseptakkord, sowie der verminderte und der übermäßige Akkord. Jeder Akkord ist zuerst in der Grundstellung notiert, es folgen drei mögliche Voicings.

Dur-Akkorde

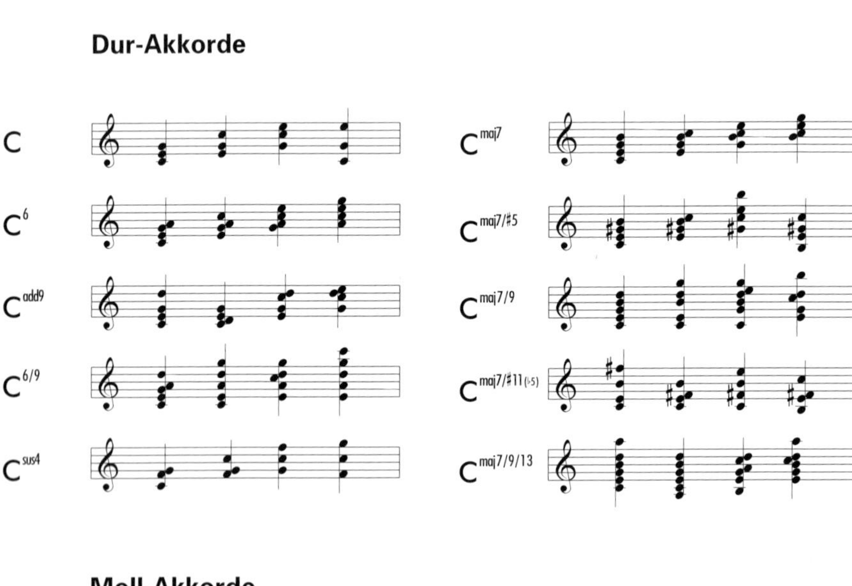

Moll-Akkorde

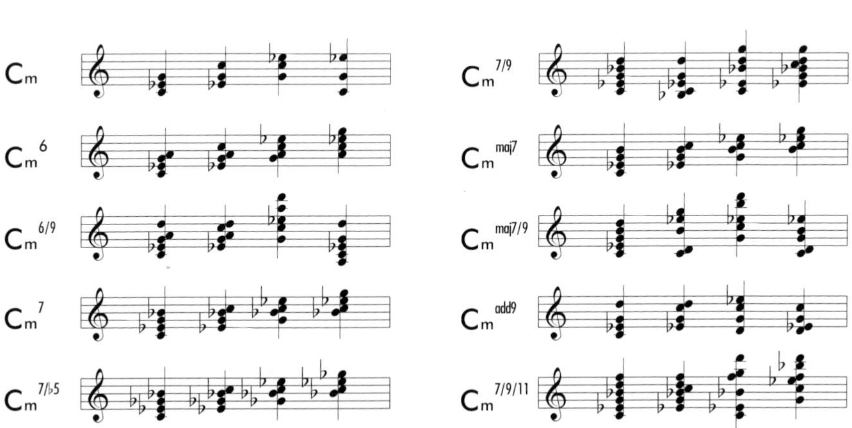

Dominantseptakkorde

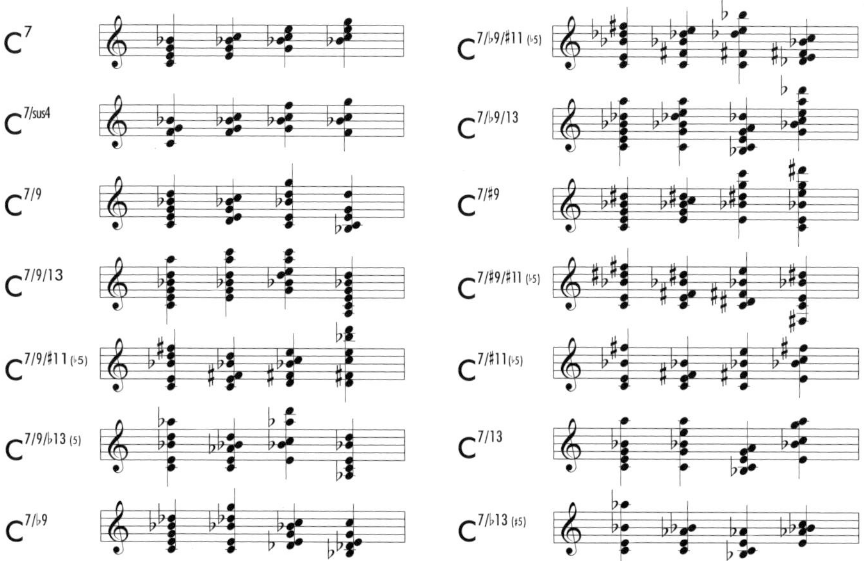

Verminderter & übermäßiger Akkord

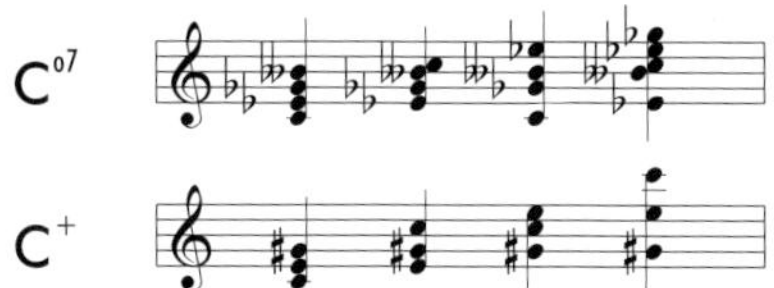

6. Musikinstrumente VI

Die Instrumentengruppen

Abhängig von der Art der Klangerzeugung werden die Instrumente in verschiedene Gruppen eingeteilt. Die wichtigsten dieser Gruppen sind:

1. Die Chordophone (Saitenklinger)

Die Klangerzeugung dieser Instrumente erfolgt durch schwingende **Saiten**. Beispiele für Chordophone (griech. corda = Saite) sind die Streich- und Zupfinstrumente, aber auch das Klavier und das Cembalo.

2. Die Aerophone (Luftklinger)

Bei diesen Instrumenten dient eine in Schwingungen versetzte **Luftsäule** zur Klangerzeugung. Zu dieser Instrumentengruppe gehören u. a. die Holz- und Blechblasinstrumente, die Orgel und Harmonikainstrumente (z. B. Mundharmonika und Akkordeon).
Die Aerophone erhalten ihren Namen von dem griechischen Wort *aero* = Luft.

3. Die Membranophone (Fellklinger)

Bei den Membranophonen (von griech. membrana = Haut) entsteht der Ton durch ein schwingendes Fell. Die Membranophone werden oft auch mit den Idiophonen zur Gruppe der **Schlaginstrumente** zusammengefasst. Innerhalb dieser Gruppe kann dann weiter zwischen Instrumenten mit **bestimmter** Tonhöhe (Pauken, Glockenspiel, Xylophon usw.) und mit **unbestimmter** Tonhöhe (Trommeln, Becken, Triangel etc.) differenziert werden.

4. Die Idiophone (Selbstklinger)

Zu dieser Gruppe gehören alle Instrumente, bei denen der Körper selbst zum klangerzeugenden Medium wird. Beispiele dieser Gruppe sind Xylophon, Glocken, Triangel, Vibraphon, Gong.
Benannt ist diese Instrumentengruppe nach dem griechischen Wort *idios* = eigen.

5. Die Elektrophone (Stromklinger)

Diese manchmal auch als Ätherophone bezeichnete Instrumentengruppe umfasst sowohl die herkömmlichen Instrumente mit elektrischer Verstärkung (wie die E-Gitarre und den E-Bass) als auch alle Instrumente mit elektronischer Tonerzeugung (Synthesizer, Keyboards, E-Orgel etc.).

Die Grenzen zwischen diesen Gruppen sind zum Teil fließend, bei einigen Instrumenten existieren unterschiedliche Zuordnungsmöglichkeiten. So wird z. B. das Klavier wegen seiner Klangerzeugung durch Hämmer häufig zu den Schlaginstrumenten gerechnet.
Es sind auch andere Merkmale zur Klassifizierung möglich. So wird häufig eine Gruppe der Tasteninstrumente gebildet, in der sich dann Klavier, Flügel (Saiteninstrumente) aber auch Orgel (Tonerzeugung durch eine schwingende Luftsäule) und Synthesizer (elektronische Tonerzeugung) befinden.

Auf den folgenden Seiten erscheinen die wichtigsten Instrumente mit Angabe ihrer Stimmung, des für ihre Notation verwendeten Schlüssels und des ungefähren Tonumfangs. Dieser kann je nach Bauart des Instrumentes und Können des ausführenden Musikers beträchtlichen Schwankungen unterliegen.

Transponierende Instrumente

Bei einigen Instrumenten (z. B. viele Instrumente der Klarinetten- und Saxophonfamilien, die Fagotte, die Trompeten und die Hörner) stimmen das Notenbild und der tatsächliche Klang nicht überein. Die jeweilige Instrumentalstimme wird transponiert (lat. transponere = übersetzen), deshalb werden diese Instrumente zusammenfassend als **transponierende Instrumente** bezeichnet.

In den folgenden Übersichten ist jeweils sowohl die sogenannte **Grundstimmung** des Instrumentes (z. B. E♭-Klarinette oder Bassetthorn in F) als auch sein tatsächlicher Klang angegeben. Der Zusatz *in F* oder *A-Klarinette* bezieht sich jeweils auf den Ton C und gibt die Transposition an: Anstelle eines notierten C erklingt der jeweils angegebene Ton, hier ein F bzw. ein A.
Heutzutage werden transponierende Instrumente häufig klingend notiert, was dem Komponisten die Arbeit erleichtert, vom Musiker während des Spielens aber ein ständiges Umdenken verlangt.

Chordophone (Saitenklinger)

Die klassischen Streichinstrumente

In der klassischen Musik bilden die Streichinstrumente die wohl wichtigste Instrumentengruppe. Diese Gruppe besteht aus Violine (Geige), Viola (Bratsche), Violoncello (kurz: Cello) und Kontrabass. Der Kontrabass gehörte ursprünglich nicht zur Geigen-Familie, er kam erst später hinzu.
Im klassischen Orchester treten die Streicher in folgender Kombination auf: 1. Violine, 2. Violine, Viola, Cello, Kontrabass.
In der Kammermusik bilden 1. Violine, 2. Violine, Viola und Cello ein festes Ensemble, das sog. Streichquartett.

Violine (Geige), Sopranlage

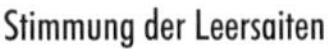

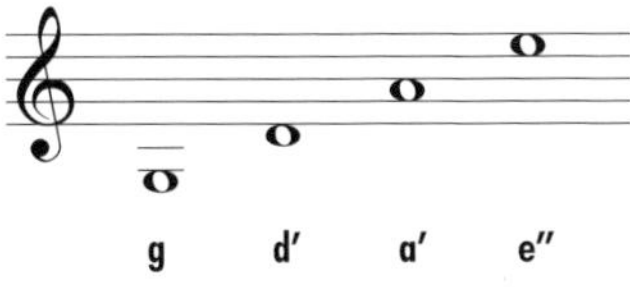

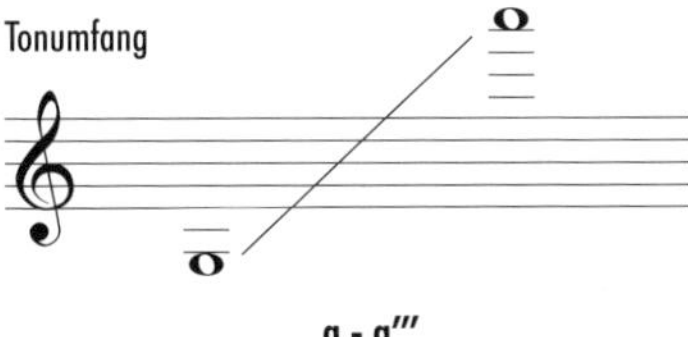

Viola (Bratsche), Altlage

Stimmung der Leersaiten

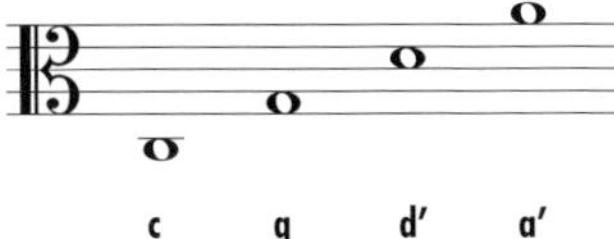

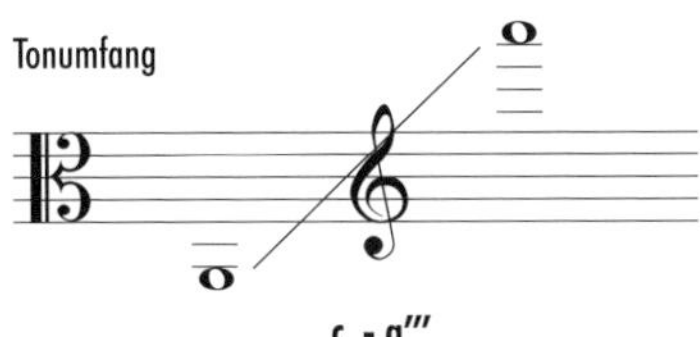

Cello, Altlage

Stimmung der Leersaiten

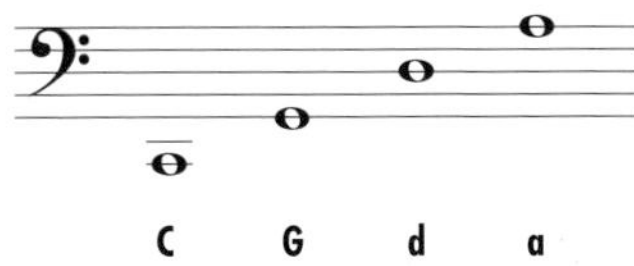

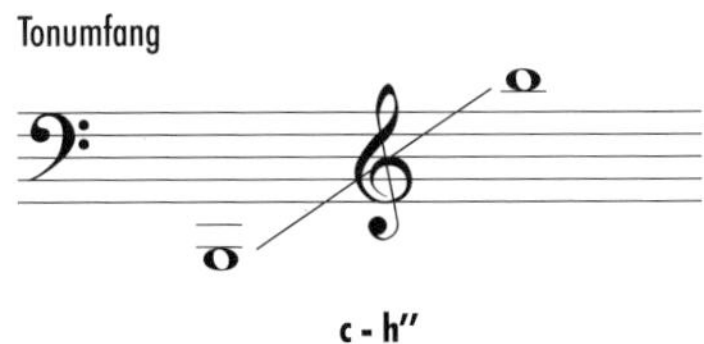

Kontrabass, Basslage

Der Kontrabass ist auch in einer 5-saitigen Version in der Stimmung: C_1 E_1 - D - G in Gebrauch, ferner in Solo-Stimmung: Fis_1 - H_1 - E - A.

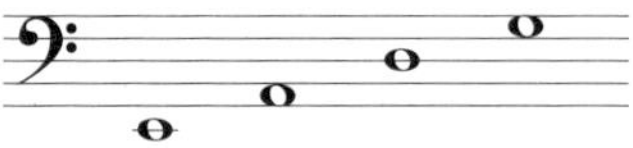

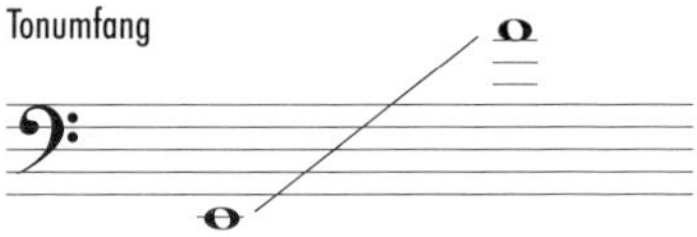

Die Streichinstrumente
(tatsächliche Größenverhältnisse)

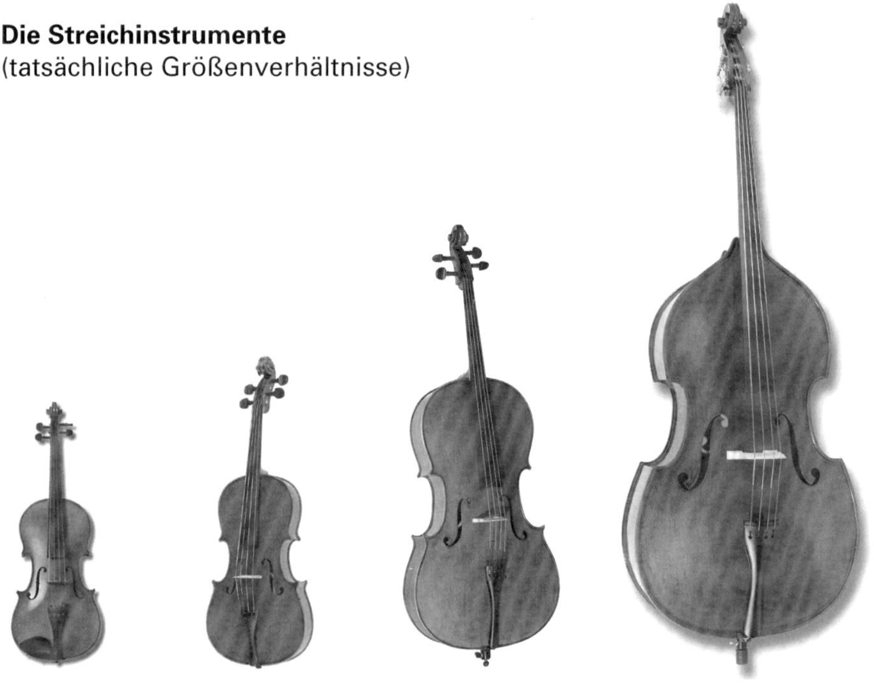

Violine (Geige)

Viola (Bratsche)

Violoncello

Kontrabass

Der Tonumfang aller Streichinstrumente kann durch den Einsatz der „Flageolett"-Spieltechnik noch beträchtlich nach oben erweitert werden.

Zupfinstrumente

Die Gitarre

Die Gitarre ist ein transponierendes Instrument, sie klingt eine Oktave tiefer als notiert. Es gibt zahlreiche Sonderformen der Gitarre, deren Konstruktion, Saitenzahl und Spielweise stark unterschiedlich sind (E-Gitarre, 12-saitige Gitarre, Gitarren mit mehreren Hälsen usw.). Der Tonumfang und die Notierung dieser Sonderformen können von der traditionellen Konzertgitarre (auch: spanische Gitarre) abweichen.

Konzertgitarre

Stimmung: E A d g h e'
Notierung und Tonumfang: E-h'''
Verwendeter Schlüssel: Violinschlüssel

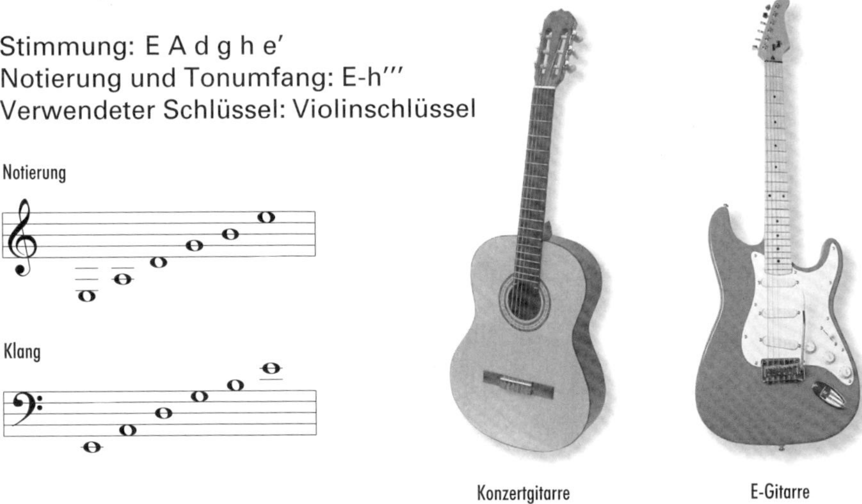

Konzertgitarre E-Gitarre

Tabulatur für Gitarre

Neben der traditionellen Notenschrift existiert eine weitere vielverwendete Notationsform für die Gitarre, die **Tabulatur**. Die Tabulatur ist eine **Griffschrift** und älter als die Notenschrift. In der Tabulatur stellen horizontale Linien die Saiten der Gitarre dar. Ziffern geben den Bund an, in dem gegriffen werden soll.

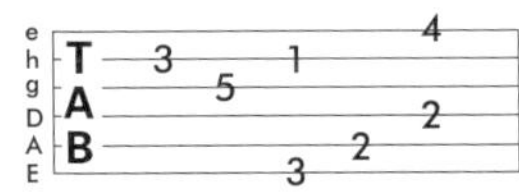

Häufig wird die Tabulatur-Notation um Zeichen erweitert, die über die genauen Tondauern der einzelnen Töne Aufschluss geben.

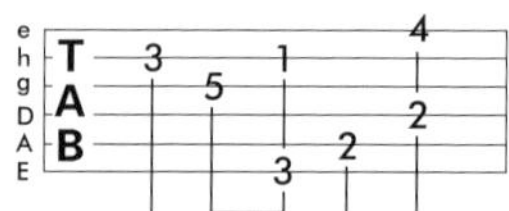

Eine weitere wichtige Notierungsform der Gitarre sind die sogenannten **Griffbilder** oder **Akkord-Diagramme**. Sie werden verwendet, um einen bestimmten Akkord und seine Griffweise darzustellen. In Akkord-Diagrammen repräsentieren horizontale Linien die Saiten, vertikale die Bundstäbchen (bzw. Bundzwischenräume).

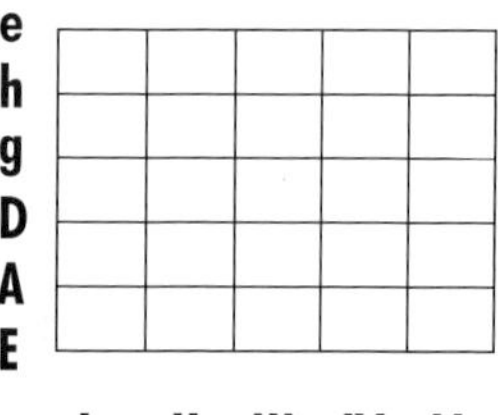

Die Finger der Griffhand werden numeriert:

1 = Zeigefinger
2 = Mittelfinger
3 = Ringfinger
4 = kleiner Finger

Leersaiten, die bei einem Akkord mit angeschlagen werden, werden mit einem Kreis links neben dem Diagramm gekennzeichnet; Saiten die nicht mit angeschlagen werden dürfen, mit einem „x". Lagenbezeichnungen bezeichnen die genaue Stelle auf dem Griffbrett, an der ein Akkord gegriffen werden soll.

Dieses Diagramm wird folgendermaßen gelesen:

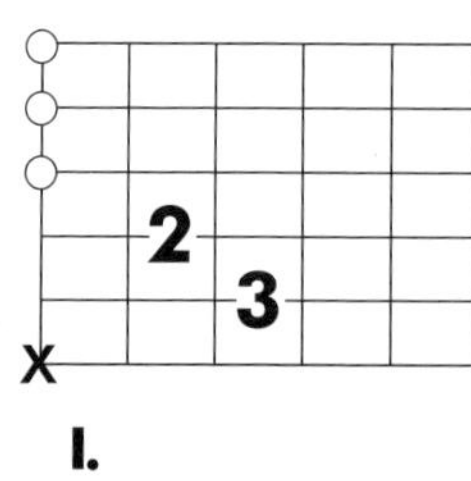

Die tiefe E-Saite wird gedämpft und klingt nicht.
Der 3. Finger greift die A-Saite im 3. Bund, der 2. Finger greift die D-Saite im 2. Bund.
Die G-, H-, und hohe E-Saite werden als Leersaiten mit angeschlagen.

Rhythmische Notation

Besonders in der Gitarren-Notation findet sich häufig eine Sonderform der Notierung, die **rhythmische Notation** oder **Rhythmus-Notierung**. Bei dieser Notationsform wird nur der Rhythmus notiert, häufig ergänzt um ein Akkordsymbol:

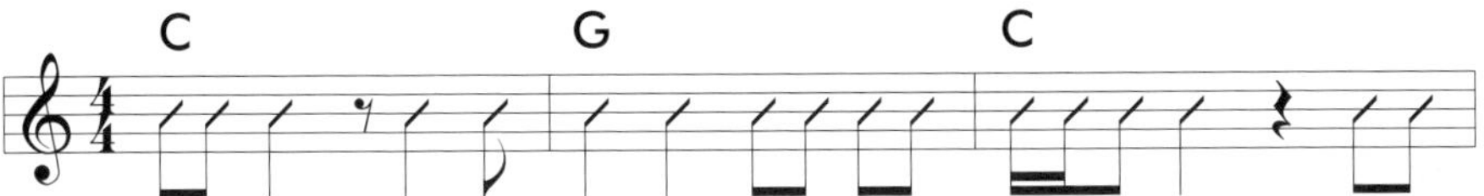

Diese Form der Notierung wird meist verwendet, um das Notenbild nicht durch viele ausgeschriebene Akkorde zu überfrachten, sie kann deshalb auch zu den **Abbreviaturen** gerechnet werden.

Die Bassgitarre

Die Bassgitarre ist ein transponierendes Instrument; sie klingt eine Oktave tiefer als notiert. Auch fünf- und sechssaitige Instrumente in unterschiedlichen Stimmungen sind in Gebrauch.

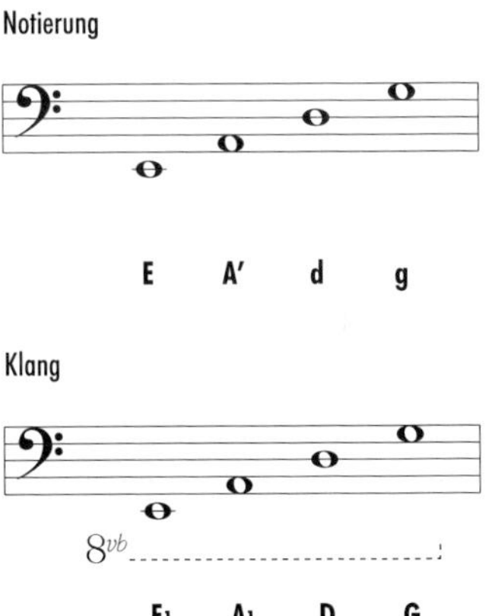

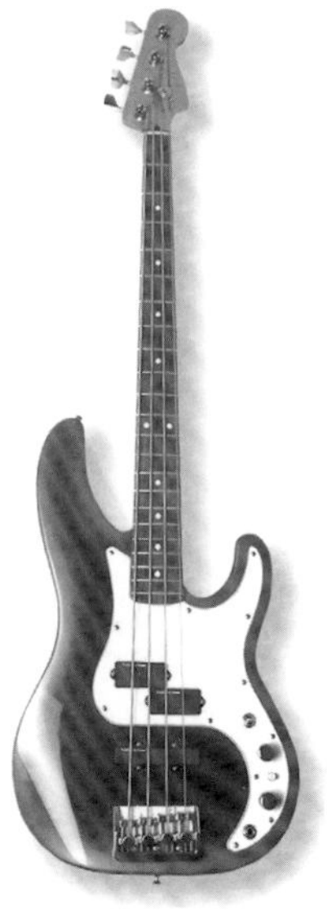

Elektrische Bassgitarre

Die Harfe (Pedalharfe)

Bei der Harfe gibt es für jeden Stammton eine Saite.
Die Stammtöne können mit verschiedenen Pedalen um einen Halbton höher oder tiefer gestimmt werden. Dadurch ist (auch kurzfristig) jede Tonart spielbar.

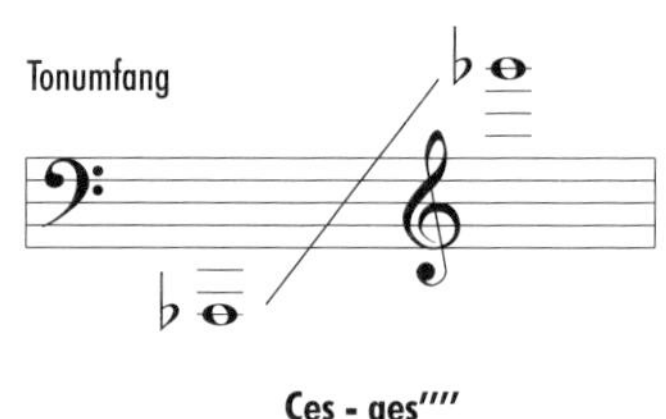

Weitere Zupfinstrumente

In dieser Übersicht sind einige weitere Instrumente aus der Gruppe der Chordophone mit Angaben zu Stimmung, Notierung und Tonumfang zusammengestellt. Sie werden hauptsächlich in der Volksmusik eingesetzt, in der klassischen Musik in einigen Fällen als Kolorit.

Die Mandoline

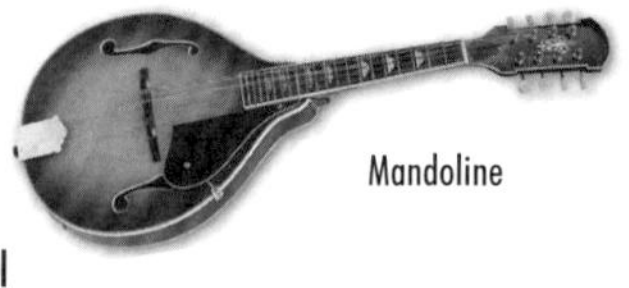

Stimmung: g d' a' e''
Notierung und Tonumfang: g-a'''
Verwendeter Schlüssel: Violinschlüssel

Die Laute

Stimmung: historisch und regional unterschiedlich
Notierung und Tonumfang: e-fis'''; Tonumfang: E-fis''
Verwendeter Schlüssel: Violinschlüssel

Die Zither

Stimmung: historisch und regional unterschiedlich
Notierung und Tonumfang: F1-d''''
Verwendeter Schlüssel: Bass-Schlüssel und Violinschlüssel

Mandoline, Laute und Zither existieren in z. T. umfangreichen Familien, deren Saitenzahl, Stimmung, Notierung und Spielweise historisch und regional bedingt stark variieren können.

Der Flügel, das Klavier

Klavier und Flügel unterscheiden sich in der Bauform, beim Flügel liegen die Saiten horizontal, beim Klavier vertikal. Es gibt beide in verschiedenen Größen, was einen erheblichen Einfluss auf die Klangfülle hat. Die Tonerzeugung unterscheidet sich nicht: Durch Tastendruck schlägt ein Hämmerchen eine Saite an. Die Spielweise ist gleich, der Standardumfang der Tastatur beträgt meist 88 (schwarze und weiße) Tasten.

Klaviernoten werden meist in zwei durch eine **Akkolade** verbundenen Notensystemen notiert. Dabei sind die Noten für die linke Hand im Bass-Schlüssel, die für die rechte Hand im Violinschlüssel notiert. Gelegentlich werden auch mehr als zwei Notensysteme für die Notierung des Klaviers verwendet.

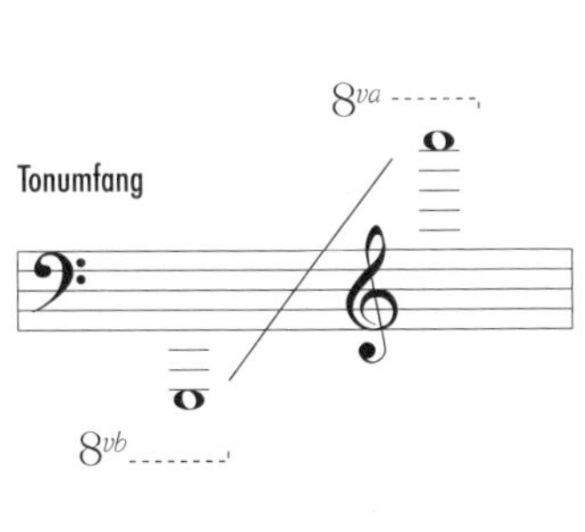

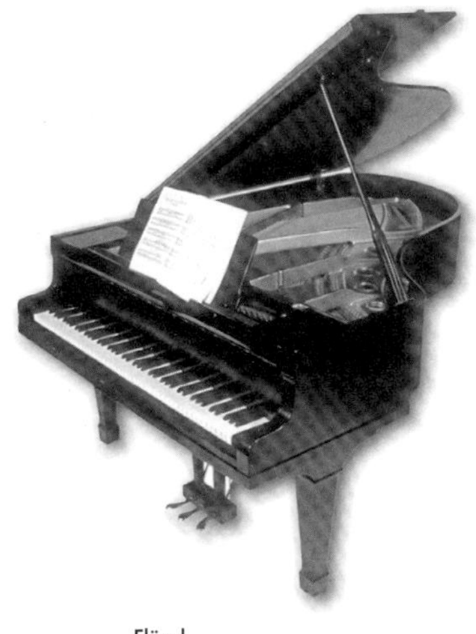

Flügel

Das Cembalo

Auch wenn das Cembalo ein besaitetes Tasteninstrument wie der Flügel ist, gibt es doch gravierende Unterschiede.

Die Tonerzeugung erfolgt hier durch einen Mechanismus, der die Saite wie bei einem Zupfinstrument anreißt und beim Loslassen der Taste diese Saite wieder dämpft.

Die Aerophone (Luftklinger)

Die Blockflöte

Auch wenn die Blockflöte (in ihrer Form als C-Flöte) durch die heutige Musikerziehung das wohl bekannteste Holzblasinstrument ist, gehört sie nicht zum Sinfonie-Orchester. Sie wurde erst im letzten Jahrhundert für die Musikpädagogik wiederentdeckt, da sie ein leicht erlernbares und preiswertes Instrument ist.
Einen festen Platz hat sie dagegen in der sog. „Alten Musik" (vor dem 18. Jahrhundert). Die Blockflöte gibt es als Sopranino-, Sopran- (dies ist die C-Flöte), Alt-, Tenor- und Bass-Flöte.
Im Gegensatz zu dem meisten anderen Holzblasinstrumenten besitzt die Blockflöte keinerlei Klappen, welche die Tonlöcher schließen. Das Schallrohr ist umgekehrt konisch: am Mundstück breiter, am Endstück schmaler.

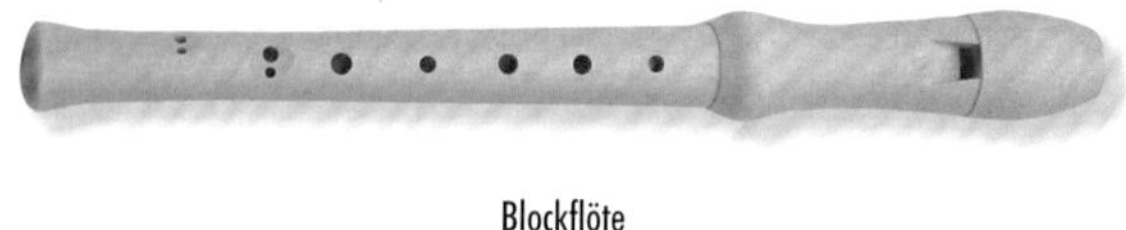

Blockflöte

Die Querflöte

Obwohl das Schallrohr aus Metall (meist Silber) besteht, gehört die Querflöte zur Gruppe der Holzblasinstrumente. Der Korpus wird erst seit dem 19. Jahrhundert aus Metall gefertigt.
Die Querflöte ist ein nicht-transponierendes Instrument in C-Stimmung, sie klingt wie notiert und wird im Violinschlüssel notiert.
Verwandte Instrumente sind die Altflöte (transponierend, in G-, F-, und Es-Stimmung) und die Piccoloflöte. Diese ist das höchste Blasinstrument im Orchester.

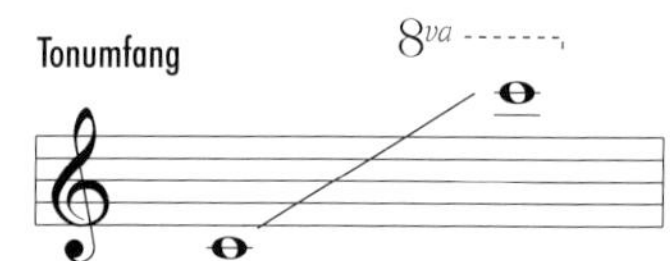

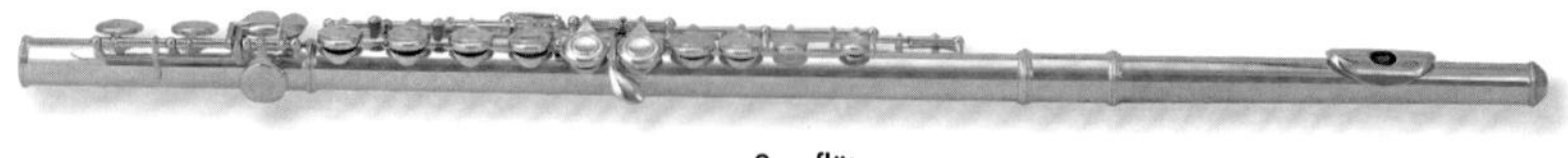

Querflöte

Die Oboe

Bei den Oboen-Instrumenten erfolgt die Klangerzeugung durch ein doppeltes Rohrblatt, das im Mundraum schwingt.
Das Schallrohr ist konisch, in einigen verwandten Formen in einen Schallbecher auslaufend.
Die Oboe wird im Violinschlüssel notiert, sie ist nicht transponierend.

Eine Sonderform der Oboe ist die sogenannte Oboe d'amore (transponierend in A-Stimmung).

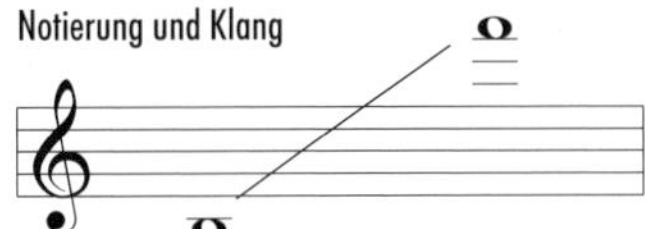

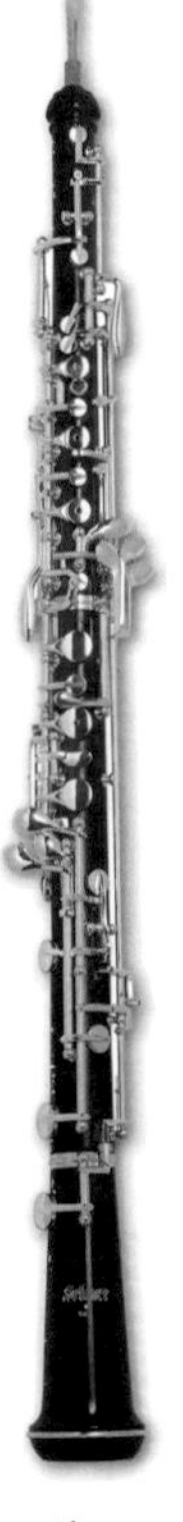

Oboe

Das Englisch Horn

Das Englisch Horn gehört zur Familie der Oboen und wird auch Tenor-Oboe genannt. Es ist durch das gebogene Mundstück relativ leicht erkennbar.
Es wird im Violinschlüssel notiert und ist ein transponierendes Instrument: Es klingt eine reine Quinte tiefer als notiert.

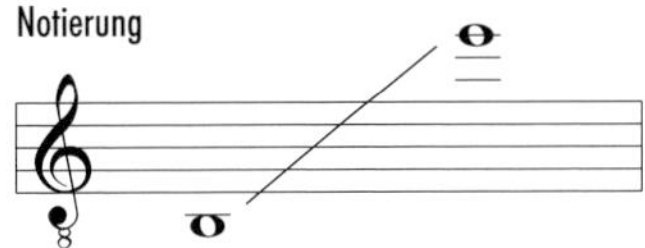

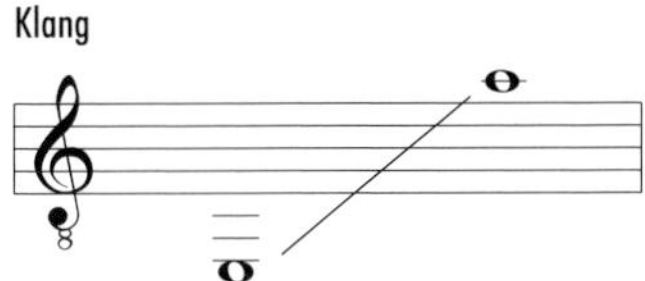

Das Fagott

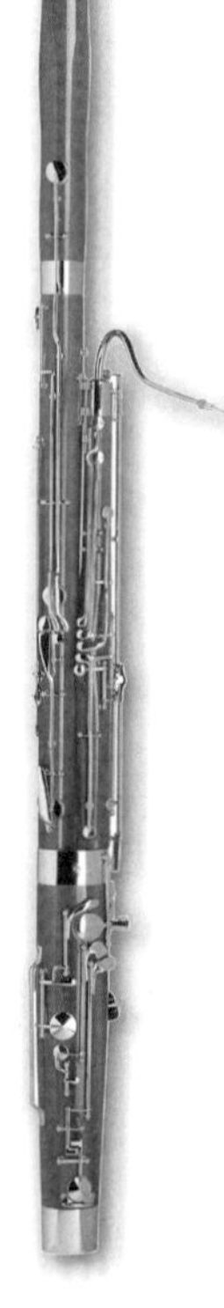

Fagott

Das Fagott ist das Bassinstrument unter den Holzblasinstrumenten des Orchesters. Es besteht aus zwei parallelen Rohrstücken die durch ein Zwischenstück (den „Stiefel") verbunden sind. Die Klangerzeugung erfolgt wie bei den Oboen durch ein doppeltes Rohrblatt.

Das Fagott klingt wie notiert. Für seine Notierung werden (je nach Tonumfang des Stückes) entweder der Bass-Schlüssel allein oder der Bass- und der Violinschlüssel verwendet.

Tonumfang

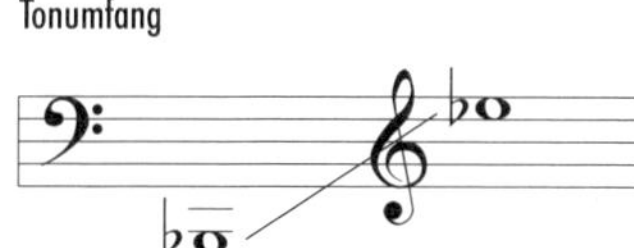

Das Kontrafagott

Das Kontrafagott, das Bassinstrument der Fagott-Familie, besteht aus vier Röhren, die miteinander verbunden sind. Das Kontrafagott ist ein transponierendes Instrument. Es wird im Bass-Schlüssel notiert und klingt eine Oktave tiefer als notiert.

Notierung

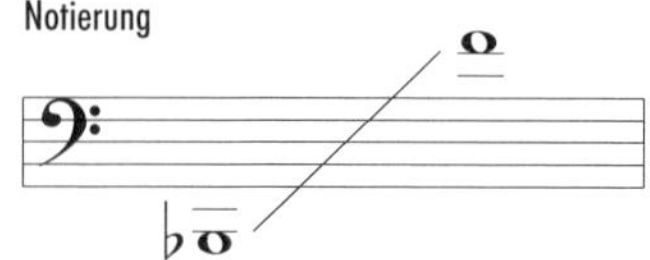

Klang

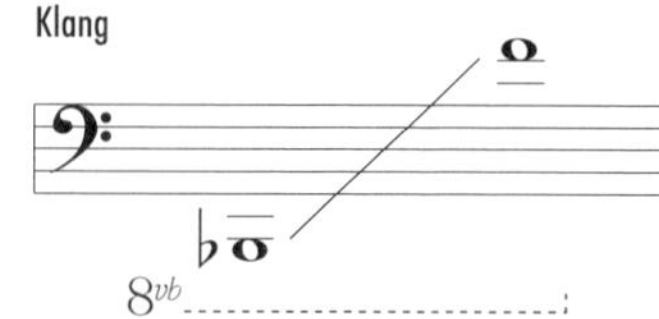

Die Klarinette

Die Klarinette ist nicht nur in der Klassik ein wichtiges Instrument der Holzbläsergruppe, sie hat auch im Jazz und in der Tanz- und Volksmusik Karriere gemacht. Besonders auffällig ist die unterschiedliche Klangcharakteristik in verschiedenen Lagen, bei hohen Tönen oft grell und scharf, bei tiefen Tönen eher hohl und weich. Das Mundstück der Klarinette, auch „Schnabel" genannt, besitzt zur Klangerzeugung ein einfaches Rohrblatt. Der Klangkörper der Klarinette besteht aus einem zylindrischen Rohr. Die Klarinette gibt es in verschiedenen Stimmungen, in B, A und (nicht transponierend) in C.

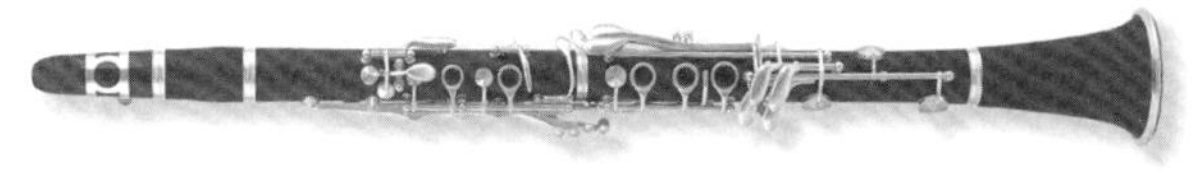

Klarinette

Klarinette in B

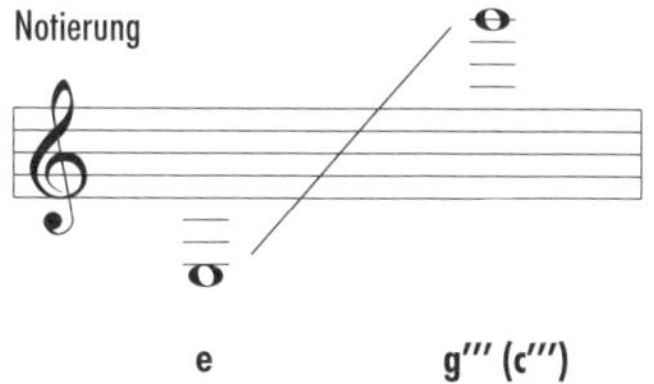

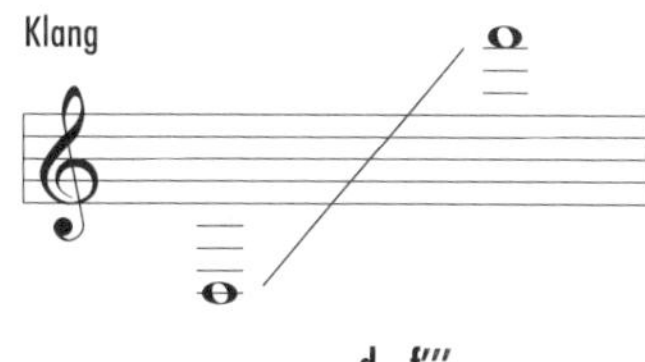

Klarinette in A

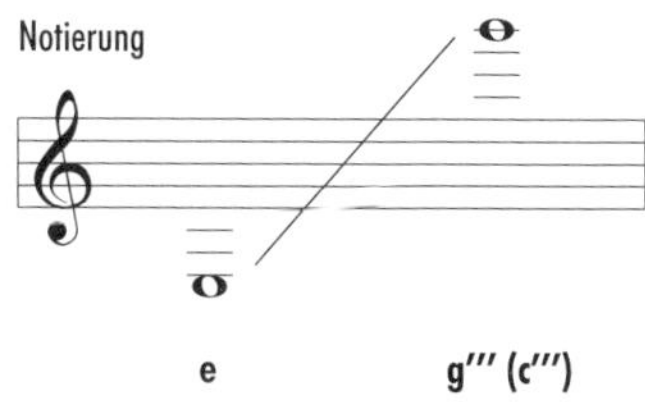

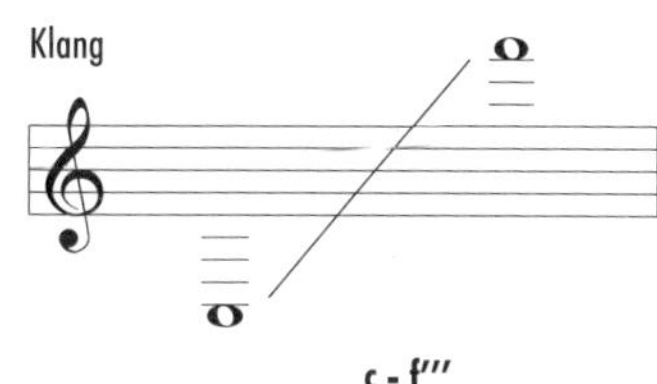

Klarinette in Es (Altklarinette)

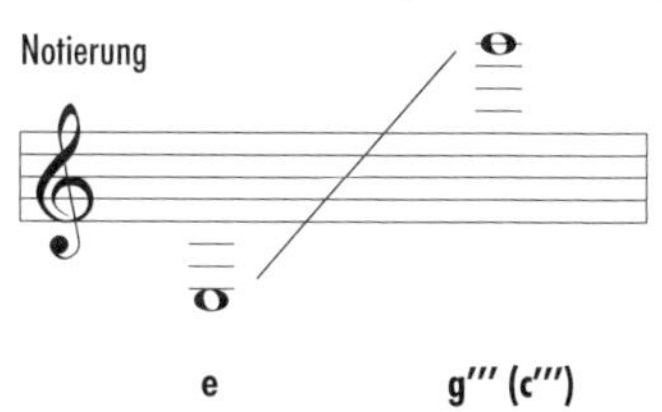

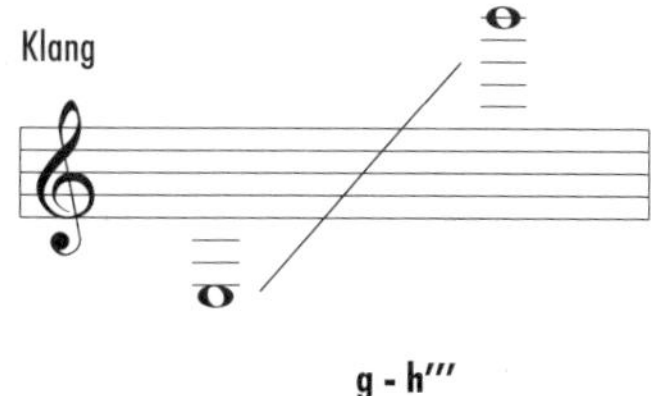

Das Saxophon

Das Saxophon wurde um 1840 von Adolphe Sax entwickelt. Im klassischen Orchester kommt es nur selten zum Einsatz. In der Jazz- und Pop-Musik ist das Saxophon zum Standardinstrument geworden. Der Korpus besteht aus Metall (Messing). Trotzdem wird das Saxophon zu den Holzblasinstrumenten gezählt, da (wie bei der Klarinette) der Klang durch ein einfaches Rohrblatt erzeugt wird, das an einem schnabelförmigen Mundstück befestigt ist. Das Saxophon gehört zu den Klarinetteninstrumenten.

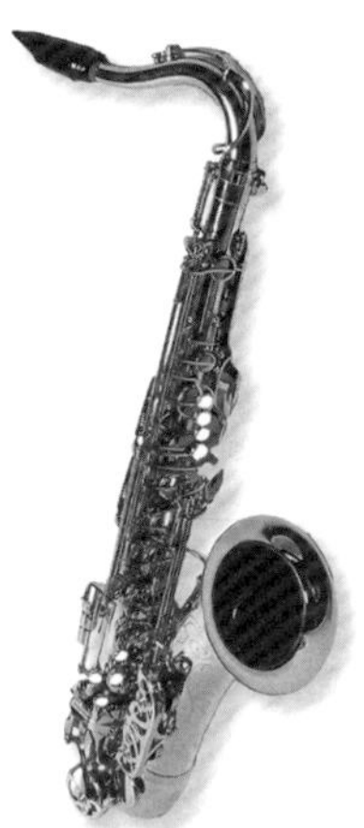

Saxophon

Das Saxophon gibt es als vollständige Instrumentenfamilie, es wird in 7 Größen gebaut: Sopranino, Sopran, Alt, Tenor, Bariton, Kontrabass und Subkontrabass. Sopranino und Sopran besitzen ein gerades Klangrohr, die übrigen die charakteristisch gebogene Form.
Am häufigsten werden verwendet:

Sopransaxophon in B

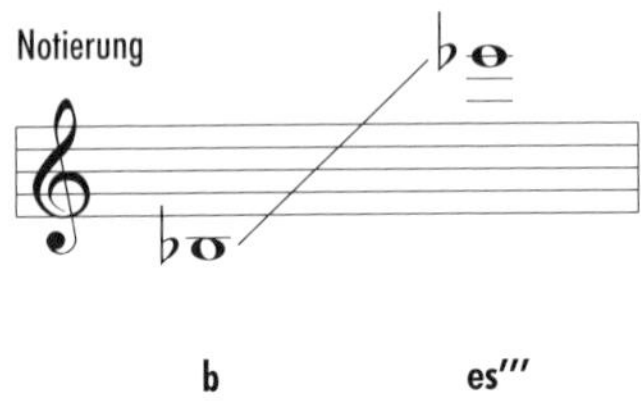

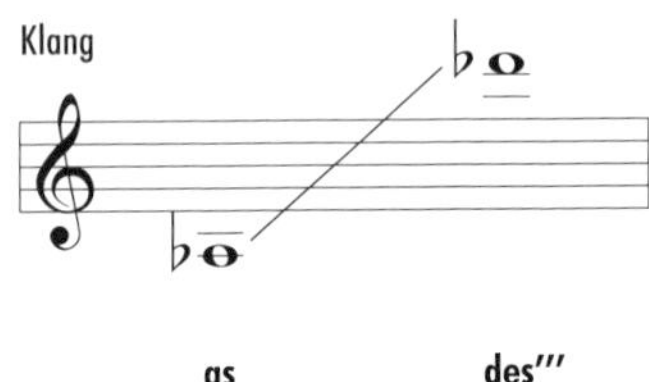

Altsaxophon in Es

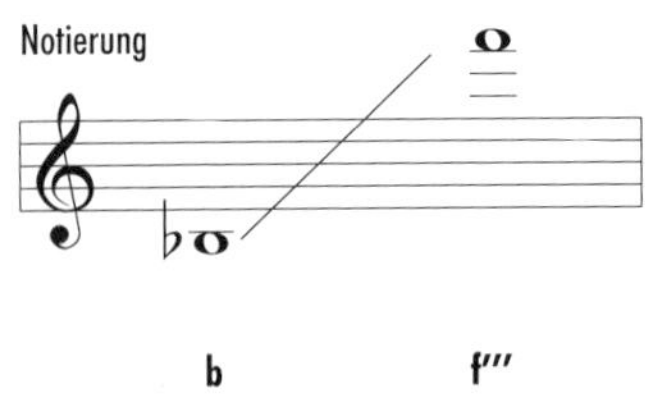

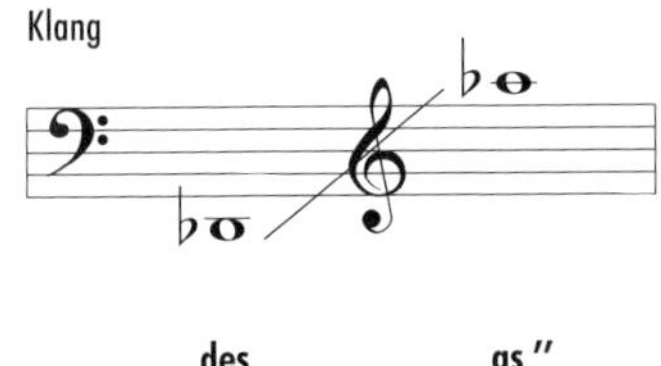

Tenorsaxophon in B

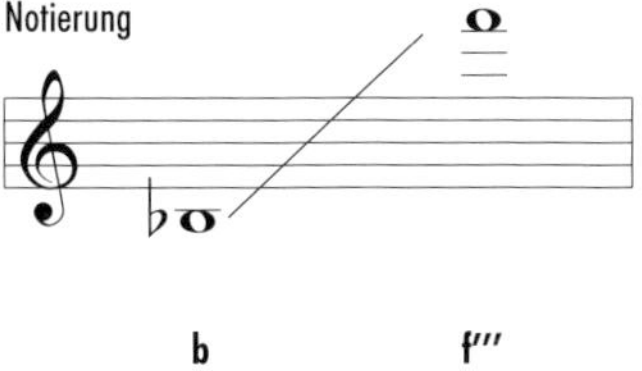

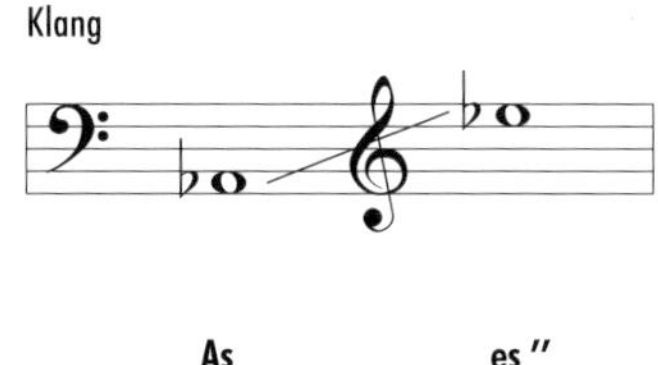

Baritonsaxophon in Es

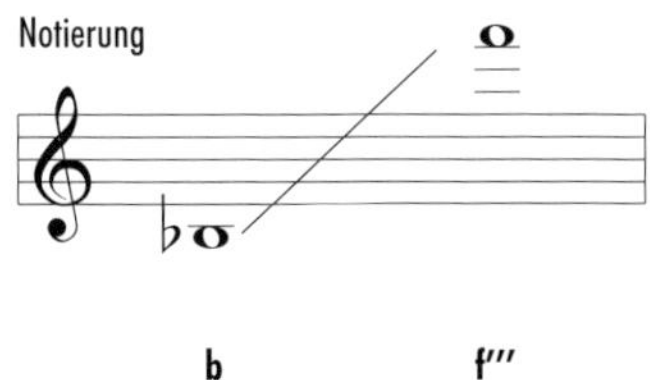

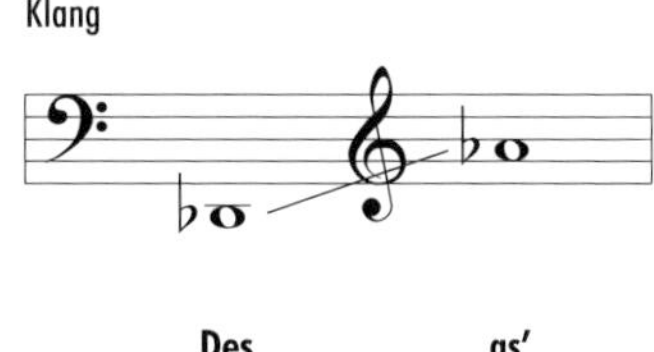

Das Horn (eigentlich: Waldhorn)

Das Waldhorn besteht aus einem kreisförmig gebogenen Rohr mit drei Ventilen. Die Tonhöhe wird durch die Spannung der vibrierenden Lippen erzeugt.
Im Orchester treten die Hörner meist als vierstimmige Gruppe auf. Ungewöhnlich ist die Spielhaltung des Hornisten: Die Schallöffnung weist nicht in Richtung des Zuhörers, sondern nach hinten.

Das Horn wird meist in F gespielt, seltener in B. Alle Hörner sind transponierende Instrumente. Gelegentlich wird auch das Horn in Es verwendet (vor allem in der Militärmusik).

Verwandte Formen sind das Jagdhorn, das Pleßhorn und das Parforcehorn.

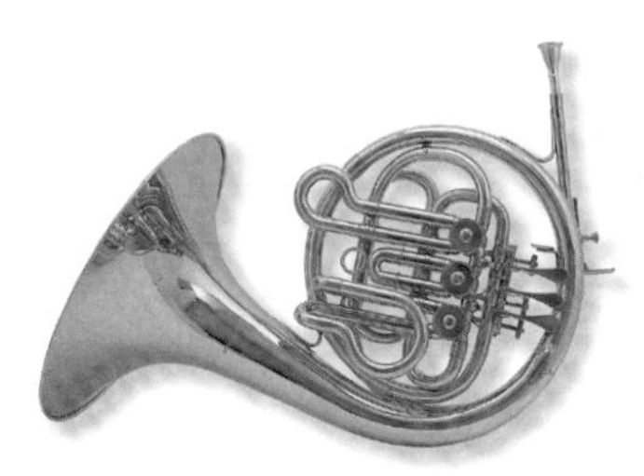

Horn

Waldhorn in F

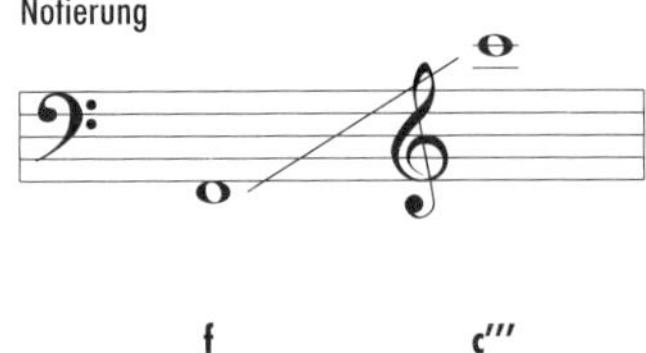

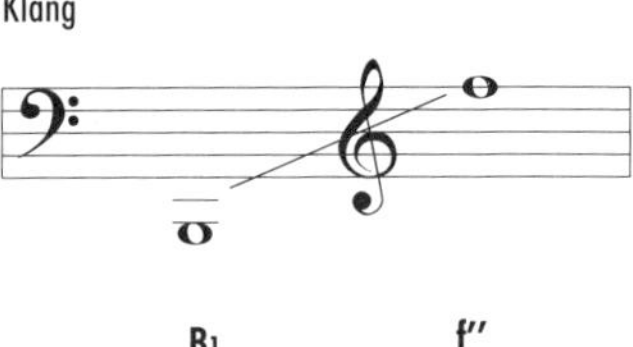

Waldhorn in B

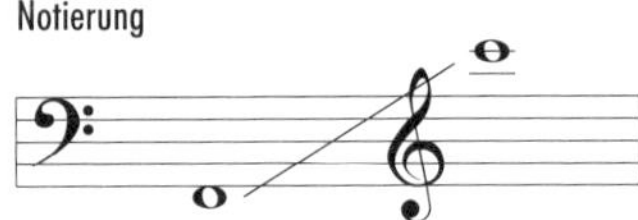

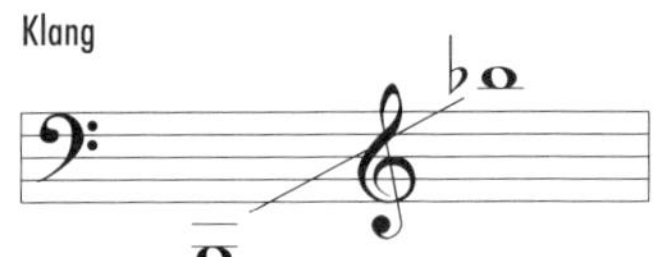

Die Posaune

Bei der Posaune wird die Tonhöhenänderung durch einen verschiebbaren U-förmigen Zug ermöglicht, der das Klangrohr verlängern bzw. verkürzen kann. Dadurch ist ein nahtloser Übergang verschiedener Tonhöhen möglich. Bei der Ventilposaune wird dieser Zug, wie bei einer Trompete, durch Ventile ersetzt.
In der Orchesterbesetzung treten die Posaunen meist als Dreiergruppe auf. Die Posaune wird im Bass-Schlüssel, seltener im Tenorschlüssel notiert. Sie klingt wie notiert.

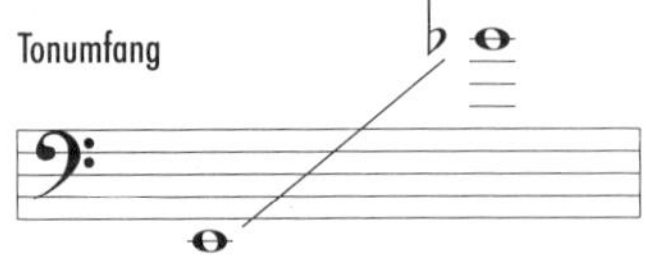

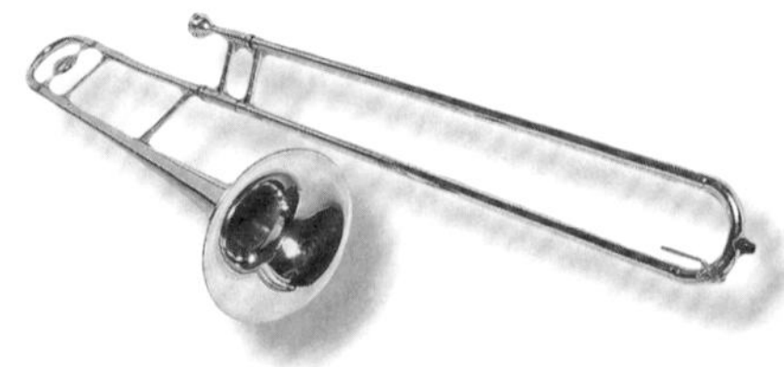

Posaune

Die Tuba

Die Tuben wurden erst im 19. Jahrhundert in das Orchester eingeführt. Größere Popularität hat die Tuba im Jazz, besonders zu Beginn des 20. Jahrhunderts. Für die Verwendung im Marschkapellen wurden besondere Tubenformen entwickelt, die sich der Spieler umhängen kann (Helikon, Sousaphon).
Die Tuben gehören zwar zu den transponierenden Instrumenten, sie werden aber klingend notiert. Es gibt Tuben in C-, F-, Es- und B-Stimmung.

Tuba in F

Tonumfang

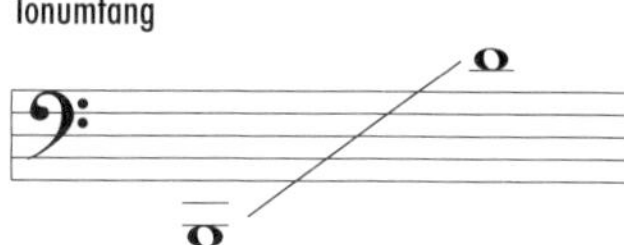

Tuba in Es

Tonumfang

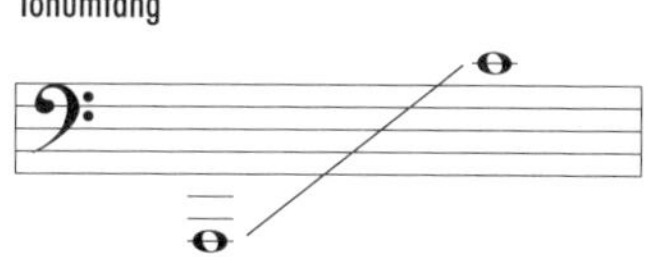

Tuba in B

Tonumfang

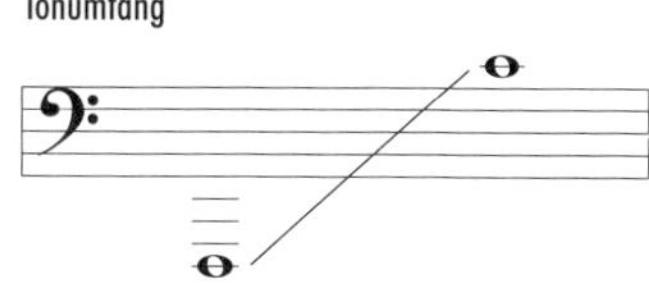

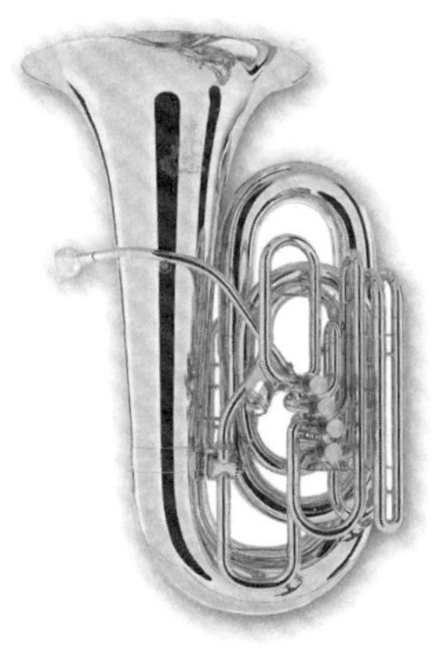

Tuba

Die Trompete

Die Trompete besitzt in der Blechbläsergruppe den Rang, den die Violinen bei den Streichern innehaben. Im Orchester ist die Trompete bei den Blechbläsern das Instrument mit der höchsten Tonlage. Im Jazz ist sie eines der wichtigsten (Solo-) Instrumente.

Die Trompete existiert sowohl in C-Stimmung als nicht-transponierendes Instrument als auch in B-Stimmung (transponierend). Häufiger verwendet wird die B-Trompete. Sonderformen der Trompete sind die Trompete in Es, die nur in der Blasmusik verwendet wird und die Basstrompete in B (Tonumfang: B1-d''). Auch das Kornett gehört zur Trompeten-Familie.

Trompete in B

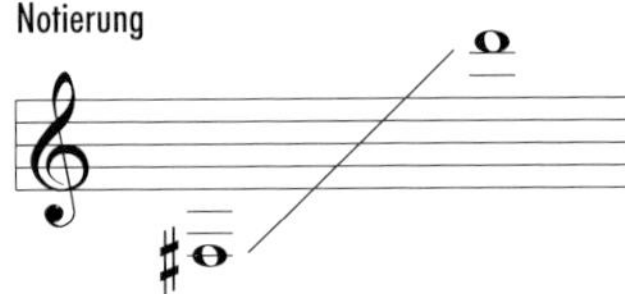

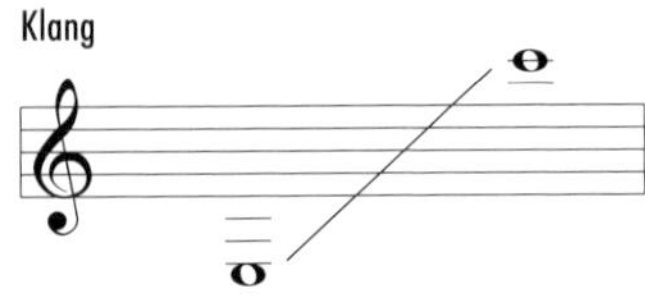

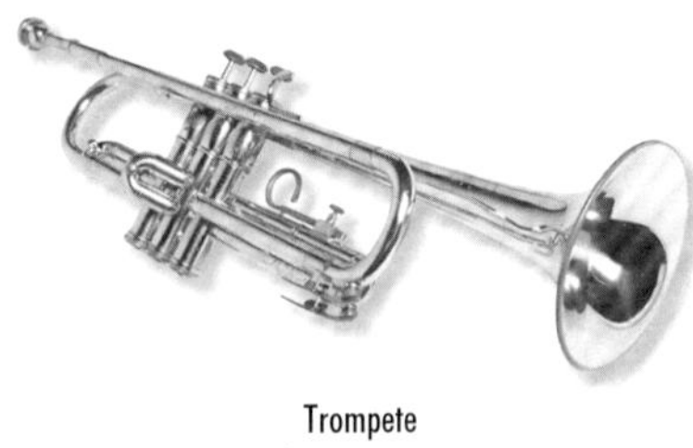
Trompete

Die Schlaginstrumente

Die Pauken

Der Schlagzeuger eines Orchesters verwendet eine große Anzahl von Schlaginstrumenten sowohl mit bestimmter, als auch mit unbestimmter Tonhöhe. Die beiden wichtigsten Schlaginstrumente mit bestimmter Tonhöhe sind die große und die kleine Pauke:

Tonumfang

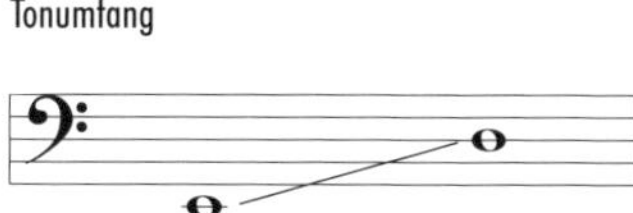

Tonumfang

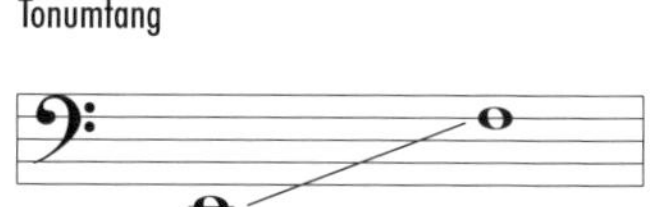

Die Pauken können nach Bedarf umgestimmt (je nach Bauart auch während des Spielens) oder um weitere Pauken erweitert werden.

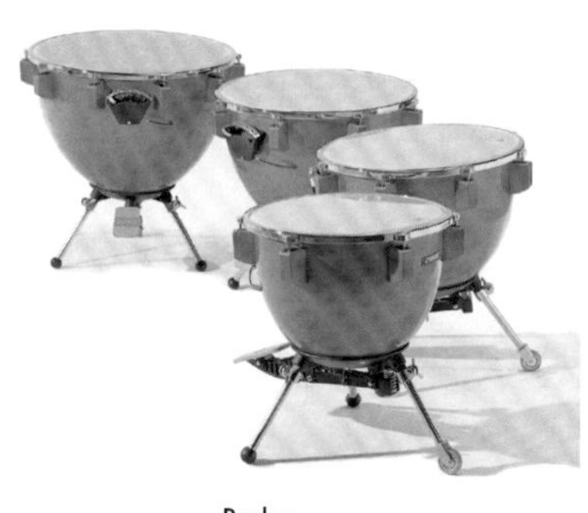

Pauken

Weitere Schlaginstrumente

Aufgrund der fast unüberschaubaren Vielfalt der Schlaginstrumente (ob Selbstklinger oder Fellklinger) kann hier nicht jedes Instrument aufgeführt werden. Daher enthält die folgende Liste nur eine Auswahl der bekanntesten und wichtigsten Schlaginstrumente.

Kleine Trommel (Snare Drum)

Die kleine Trommel ist ein Grundelement im Drumset. Sie wird heutzutage unter der Bezeichnung Snare Drum verwendet, da sie unter oder zwischen den beiden Fellen einige Schnarrsaiten besitzt, die ihr den charakteristischen Klang verleihen.

Tom Tom

Tom Toms werden als Stand-Toms und als Hänge-Toms im Drumset verwendet. Es gibt sie in verschiedenen Größen und Ausführungen.

Große Trommel (Bass Drum)

Die große Trommel gibt es in verschiedenen Ausführungen. Im Orchester ruht sie meist auf einem Gestell. Die Bass Drum im Drumset steht auf dem Boden und wird mit einer Fußmaschine gespielt. In Marschkapellen wird sie oft getragen, seltener auf einem kleinen Wagen gefahren.

Becken

Becken sind tellerförmige Metallscheiben, die es in einer Vielzahl unterschiedlicher Ausführungen und Spielarten gibt: Die Tonerzeugung erfolgt durch paariges Aneinanderschlagen (als Hi-Hat im Drumset oder manuell im Orchester) oder Anschlagen mit Trommelstöcken u. a.

Xylophon

Das Xylophon besteht aus einer Reihe von liegenden Holzstäben, die wie eine Klaviatur angeordnet sind und mit Schlegeln gespielt werden. Der Tonumfang beträgt etwa drei Oktaven. Ein naher Verwandter ist das Marimbaphon.

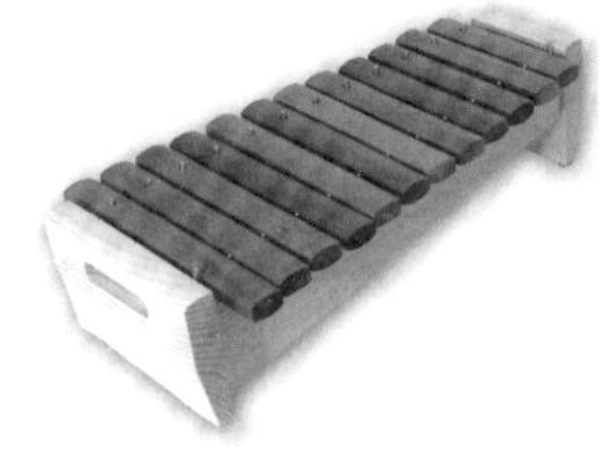

Xylophon

Vibraphon

Der Aufbau ist wie beim Xylophon, die Klangkörper bestehen jedoch aus Metall. Zusätzlich gehört zu jedem Klangkörper ein rohrförmiger Resonanzkörper, der gedämpft werden kann. Die Deckel dieser Resonatoren können elektrisch geöffnet und geschlossen werden, so dass ein Vibratoeffekt entsteht.
Es gibt außerdem noch viele weitere Formen von Glockenspielen mit Metallklangkörpern.

Glocken

Glocken werden meist in Form von Röhrenglocken verwendet, die in einem Gestell hängend gespielt werden.

Gong, Tam Tam

Gong und Tam Tam werden oft verwechselt, da die Bezeichnung Gong meist für alle Instrumente dieser Art verwendet wird. Der Unterschied besteht darin, dass ein Gong aus einer Bronzescheibe mit bestimmter Tonhöhe besteht, das Tam Tam jedoch nicht in einer bestimmten Tonhöhe klingt. Gongs haben oft in ihrer Mitte einen deutlich erkennbaren Buckel.

Percussioninstrumente

Für den Laien fast unüberschaubar ist die Anzahl der (lateinamerikanischen) Percussionsinstrumente. Sie stammen aus der südamerikanischen Volksmusik und haben inzwischen ihren Platz in der europäischen Musik (besonders Unterhaltungsmusik) gefunden:

Claves sind zwei Holzstäbe, die gegeneinander geschlagen werden.
Guiro ist ein Holzrohr mit Einkerbungen, über die mit einem Holzstab gerieben wird.

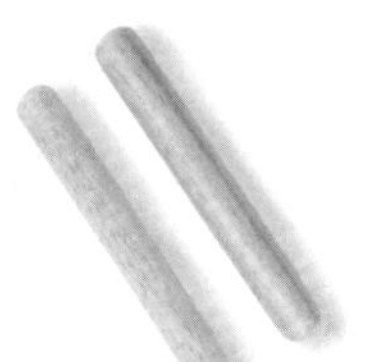

Claves

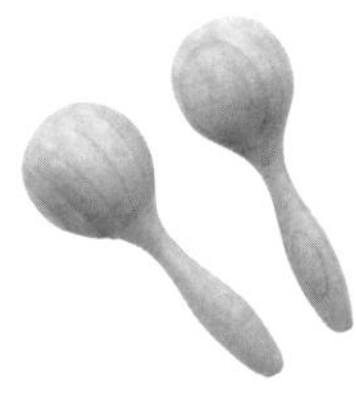

Maracas

Maracas sind mit Steinchen gefüllte Holzkugeln, die geschüttelt werden.

Chocallo ist ein Holzrohr, das mit Steinchen gefüllt ist. Die **Cowbell** ist eine kleine Glocke, die in der Hand gehalten und angeschlagen wird.

Agogo besteht aus zwei unterschiedlich gestimmten Glocken, die fest verbunden sind.
Cabasa war ursprünglich ein mit Perlenketten umwickelter Kürbis, heutzutage wird meist ein Zylinder mit Metallketten vewendet.

Die Notierung des Schlagzeugs

Es gibt keine einheitliche Notierung für das Schlagzeug.
Das Prinzip der unterschiedlichen Notierungsarten ist identisch: Die einzelnen Notenlinien werden den verschiedenen Schlaginstrumenten zugewiesen.
Um trotz der großen Zahl Schlaginstrumente mit fünf Notenlinien auszukommen, werden die herkömmlichen Notenköpfe um Sonderzeichen erweitert.

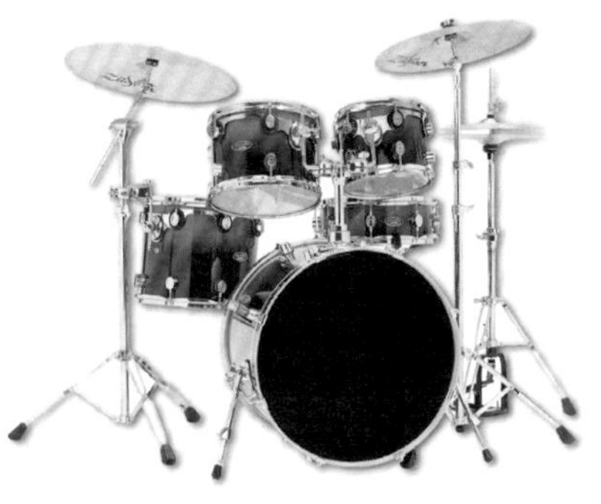
Schlagzeug

Diese Sonderzeichen geben auch Hinweise auf die geforderte Spieltechnik:

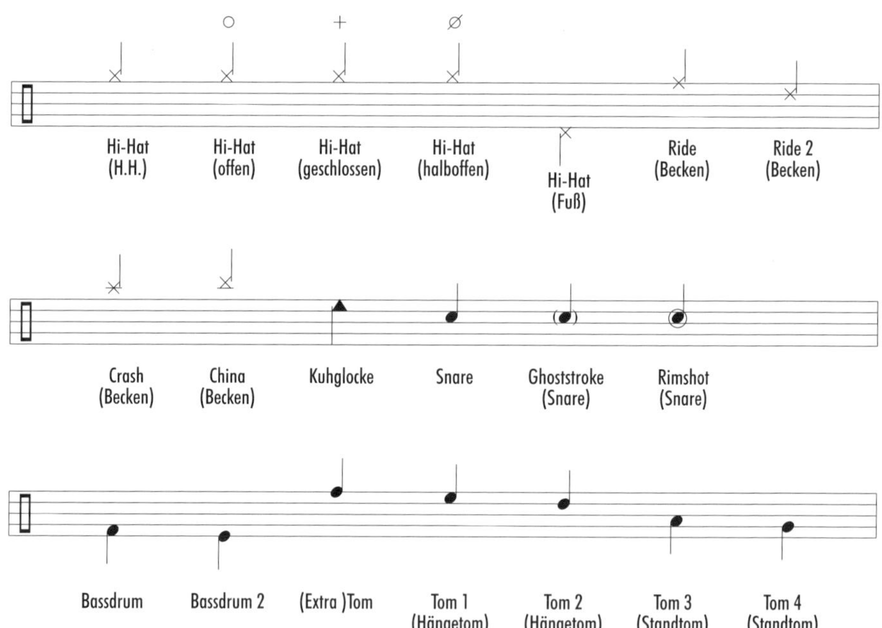

Mit den Händen zu spielende Noten werden meist aufwärts, mit den Füßen zu spielende abwärts gehalst.

Elektrophone

In der Instrumentengruppe der Elektrophone ist die Bildung von Untergruppen nahezu unmöglich, da die einzelnen Instrumente sich in Bauart, Wirkungsweise, Spieltechnik und Klang sehr stark unterscheiden. Grundsätzlich kann man die Instrumente, die eine rein elektronische Schwingungserzeugung (E-Orgel, Keyboard, Synthesizer) aufweisen von denen trennen, bei denen die Schwingung mechanisch (wie bei akustischen Instrumenten) erzeugt wird (E-Gitarre, E-Bass).
Aber selbst hier ist die Unterscheidung nur vom jeweiligen Gerät und nicht von einer Gruppe von Instrumenten abhängig. Beispiel hierfür sind die E-Orgeln, die ursprünglich auf mechanisch-elektrische Weise Schwingungen erzeugten (Hammond-Orgel mit rotierenden Metallscheiben), sich inzwischen aber fast ausschließlich zu elektronischen Instrumenten entwickelt haben.

Die Orgel

Die Orgel ist der Vorläufer der elektronischen Tasteninstrumente (Synthesizer, Sampler und E-Orgel). Auch wenn sie ursprünglich aus der Kirchenmusik stammt, gehört sie inzwischen zur Grundausstattung jedes größeren Konzertsaals. Sie ist eines der umfangreichsten und kompliziertesten Instrumente, die in der europäischen Musik verwendet werden. Die Umschreibung als „Königin der Instrumente" lässt erahnen, welche Wirkung die Klangvielfalt der Orgel auf die Zuhörer der letzten Jahrhunderte hatte.
Die Klangerzeugung erfolgt durch Pfeifen, die (je nach Klangfarbe) unterschiedlichster Form sein können. Eine Gruppe von Pfeifen gleicher Klangfarbe wird Register genannt. Gespielt wird die Orgel über eine Tastatur, daher ist die Einordnung in eine Instrumenten-Gattung uneinheitlich und wird unterschiedlich gehandhabt.

Die Stimmlagen

Die Bezeichnungen der vier menschlichen Hauptstimmlagen bezogen sich ursprünglich nur auf die Stimme, wurden jedoch später sinngemäß auch auf die Instrumentalmusik übertragen.
Diese Bezeichnungen stammen aus dem lateinischen:

- **Sopran** (lat. *supremus* = höchster) oder **Diskant** bezeichnet die hohe Frauen- und Kinderstimme,
- **Alt** (lat. *altus* = hoch) die tiefe Frauenstimme. Der irreführende Name stammt aus der geschichtl. Entwicklung im 13./14.Jh, als diese Stimmlage noch eine hohe Männerstimme war.
- **Tenor** (lat. *tenere* = halten) die hohe Männerstimme, und
- **Bass** (lat. *bassus* = tief) die tiefe Männerstimme.

Die beiden mittleren Stimmlagen **Mezzosopran** (ital. *mezzo* = mittel) und **Bariton** (ital. *baritono* = tieftönend) traten erst später zu den traditionellen Hauptstimmlagen hinzu.

Der Tonumfang der Stimmen

Der genaue Umfang der jeweiligen Stimme hängt von der natürlichen Veranlagung und dem Training sowie der Tagesform des Sängers bzw. der Sängerin ab und kann deshalb nicht genau festgelegt werden. Die Umfänge der einzelnen Stimmlagen sind in etwa:

Frauenstimmen

- **Sopran** (a) c' - a'' (c''', in Einzelfällen auch bis f''')
- **Mezzosopran** g - f''
- **Alt** (f) a - f'' (h'')

Männerstimmen

- **Tenor** (B) c - a' (c'')
- **Bariton** A - g'
- **Bass** (D) E - e' (f')

Die Töne in Klammern geben den von einem Solisten geforderten Tonumfang an. Einzelne guttrainierte Sänger und Sängerinnen können die angegebenen Tonumfänge zum Teil noch deutlich überschreiten.

In älterer Musik sind die Stimmen häufig alle mit C-Schlüsseln notiert, in neuerer Musik werden meist nur der Violin- und der Bass-Schlüssel verwendet. Die Grafik zeigt den Tonumfang der einzelnen Stimmlagen mit den heute meist zu ihrer Notation verwendeten Notenschlüsseln:

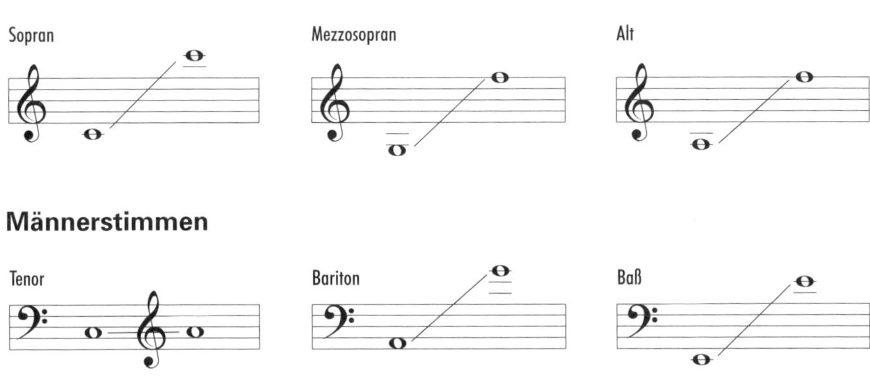

Da die einzelnen Stimmlagen sich überschneiden, kann es in der Praxis schwer sein, beispielsweise einen tiefen Sopran von einem hohen Alt zu unterscheiden:

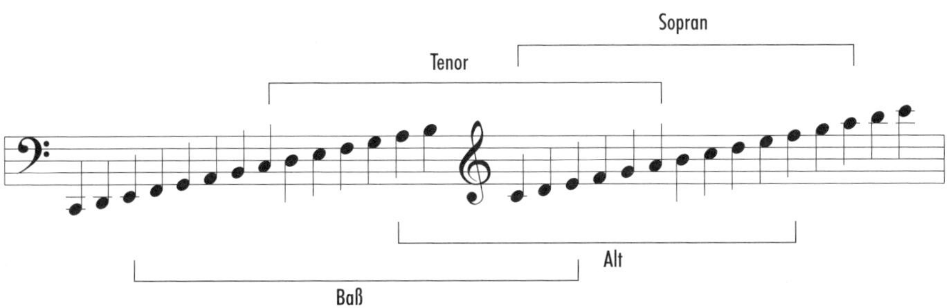

Opernsänger- und Sängerinnen werden außerdem noch nach dem **Timbre** (der Klangfarbe) und einigen anderen Merkmalen der Stimme in die sogenannten **Stimmfächer** eingeteilt, z. B. dramatischer Sopran, Coloratur-Sopran, lyrischer Alt, etc.
Diese Einteilungen geben dem Fachmann Aufschluss über die Eignung einer Stimme für eine bestimmte Rolle innerhalb einer Oper.

Anhang

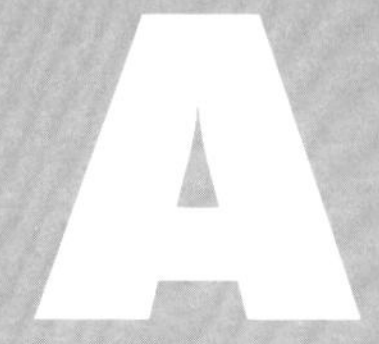

Die Notenschlüssel

Die heute verwendeten Notenschlüssel werden nach dem Ton, den sie festlegen, in Familien unterteilt. Die wichtigsten dieser Schlüsselfamilien sind die **G-Schlüssel**, die **C-Schlüssel** und die **F-Schlüssel**.

G-Schlüssel

Der wichtigste **G-Schlüssel** ist der **Violinschlüssel**. Eine gelegentlich vorkommende Sonderform ist der **oktavierte Violinschlüssel**. Eine kleine „8" über oder unter dem Schlüssel zeigt an, dass alle notierten Töne eine Oktave höher bzw. tiefer gespielt werden sollen.

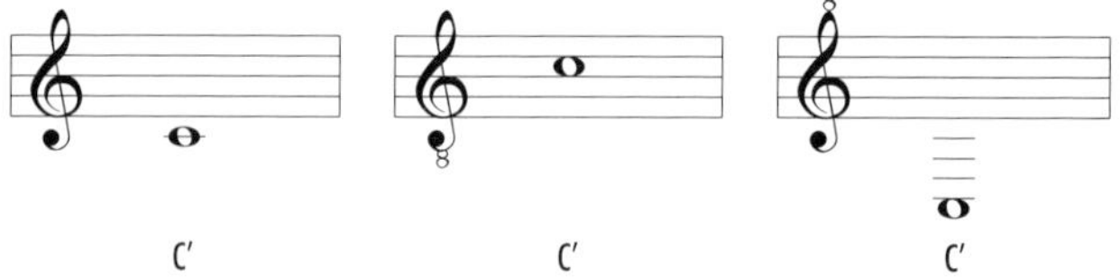

Die C-Schlüssel

Eine weitere Schlüsselfamilie bilden die **C-Schlüssel**, oft auch „Alte Schlüssel" genannt. Diese Schlüssel stammen aus dem A-cappella-Gesang des 16. Jahrhunderts, bei dem jede (Gesangs-)stimme mit einem eigenen Schlüssel versehen wurde. Der Schlüssel erhielt den Namen der betreffenden Stimme. In heutigen Notenausgaben werden in C-Schlüsseln notierte Instrumente oder Stimmen meist in den Violin- oder Bass-Schlüssel umgeschrieben.

Von den C-Schlüsseln sind heute noch der Altschlüssel (für die Viola) und der Tenorschlüssel (Violoncello, Fagott und Posaune) in Gebrauch. Die Grafik zeigt den Ton c' in allen C-Schlüsseln.

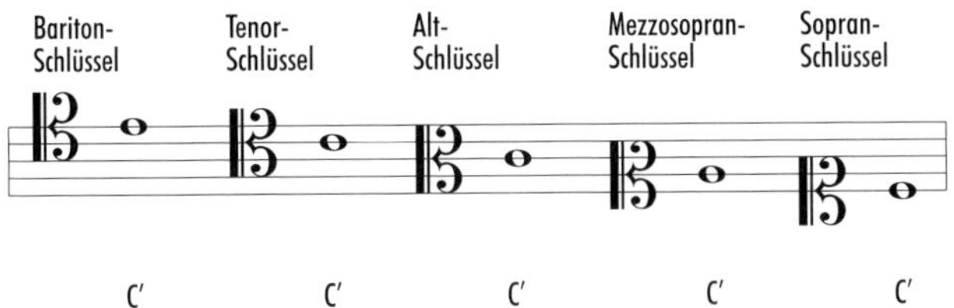

Die F-Schlüssel

Der wichtigste **F-Schlüssel** ist der **Bass-Schlüssel**. Eine gelegentlich vorkommende Sonderform ist der oktavierte Bass-Schlüssel. Eine kleine „8" unter dem Schlüssel zeigt an, dass alle notierten Töne eine Oktave tiefer gespielt werden sollen.

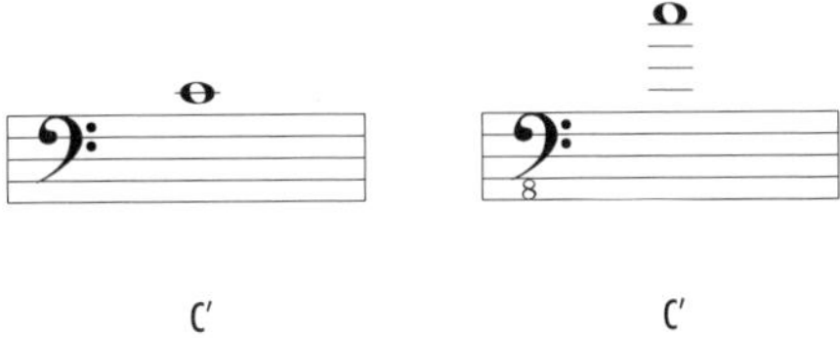

Percussionsschlüssel

Ein Sonderfall ist der sogenannte Percussionsschlüssel. Er wird für die Notation von Instrumenten mit unbestimmter Tonhöhe verwendet.

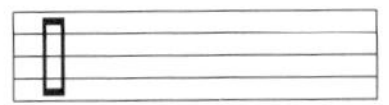

Die wichtigsten Noten- und Pausenwerte

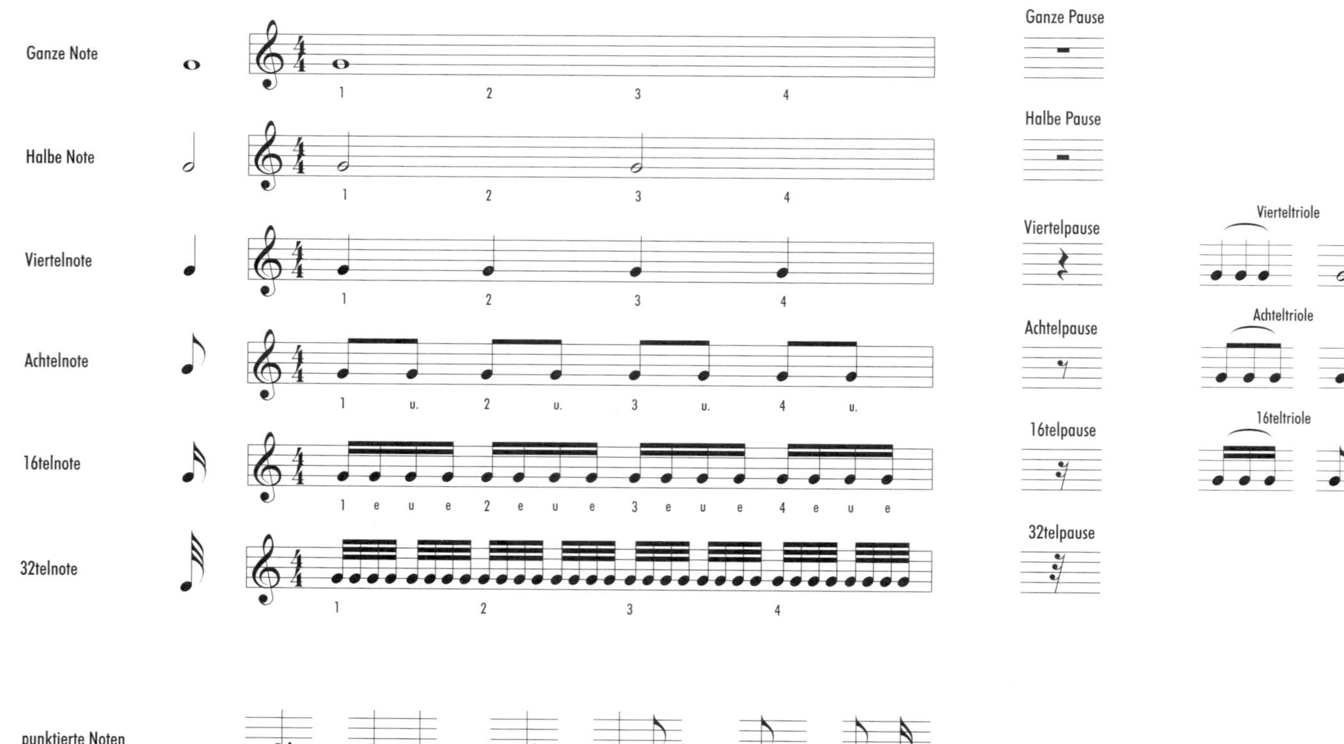

Die Tonhöhen

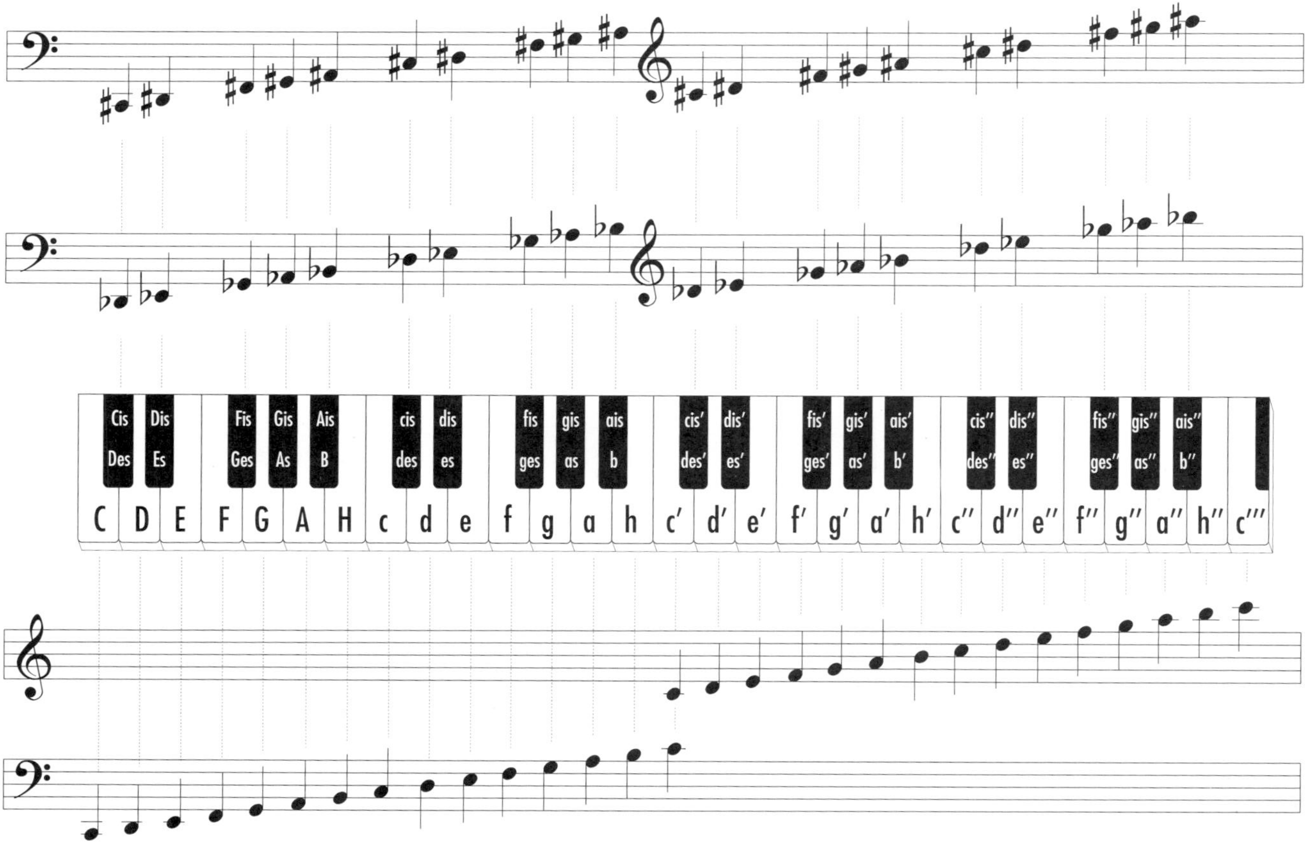

Cis Dis Fis Gis Ais cis dis fis gis ais cis′ dis′ fis′ gis′ ais′ cis″ dis″ fis″ gis″ ais″

Des Es Ges As B des es ges as b des′ es′ ges′ as′ b′ des″ es″ ges″ as″ b″

C D E F G A H c d e f g a h c′ d′ e′ f′ g′ a′ h′ c″ d″ e″ f″ g″ a″ h″ c‴

Die wichtigsten Taktarten

Dieses sind die wichtigsten Taktarten mit ihren Betonungsverhältnissen. Hauptbetonungen sind dunkelgrau, Nebenbetonungen hellgrau hinterlegt.

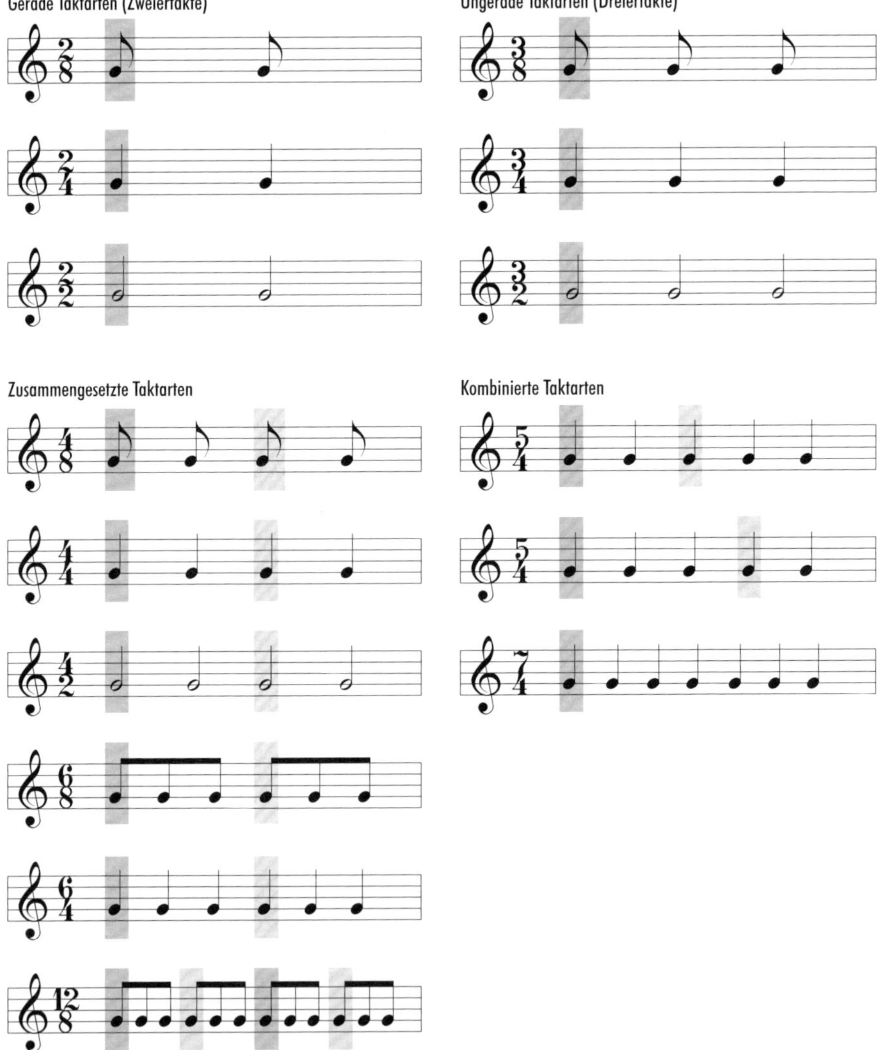

Die Dur-Tonleitern

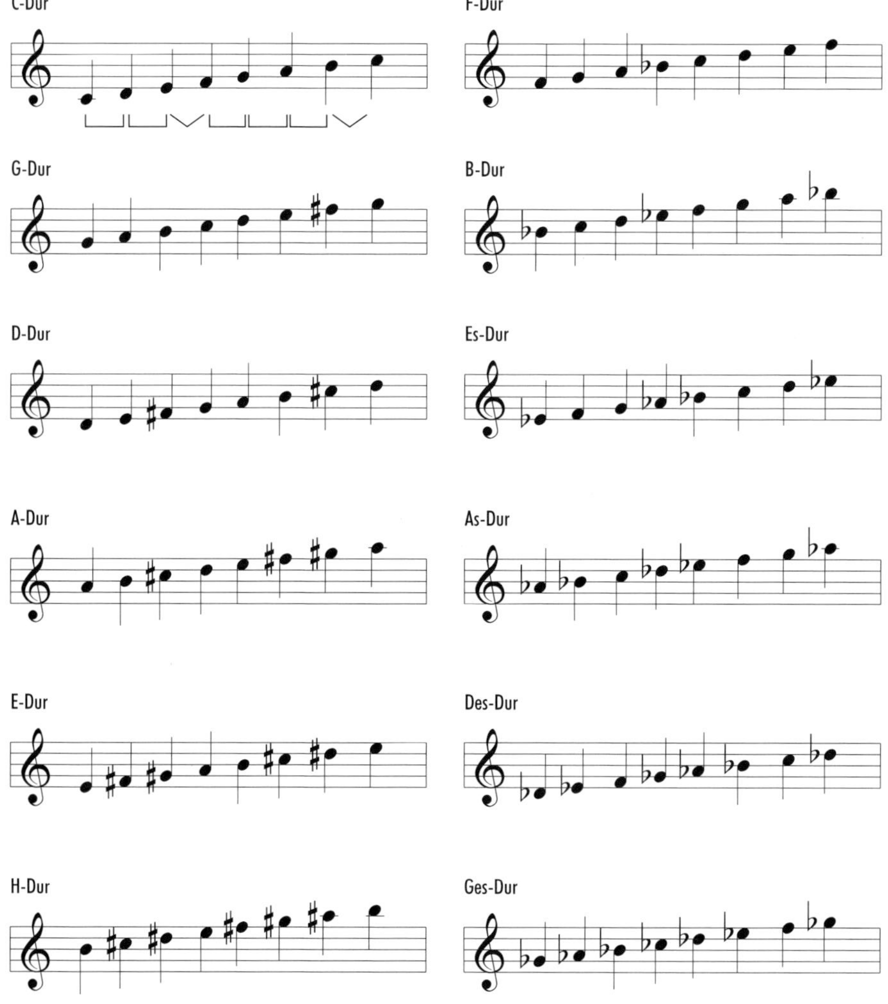

Die Moll-Tonleitern

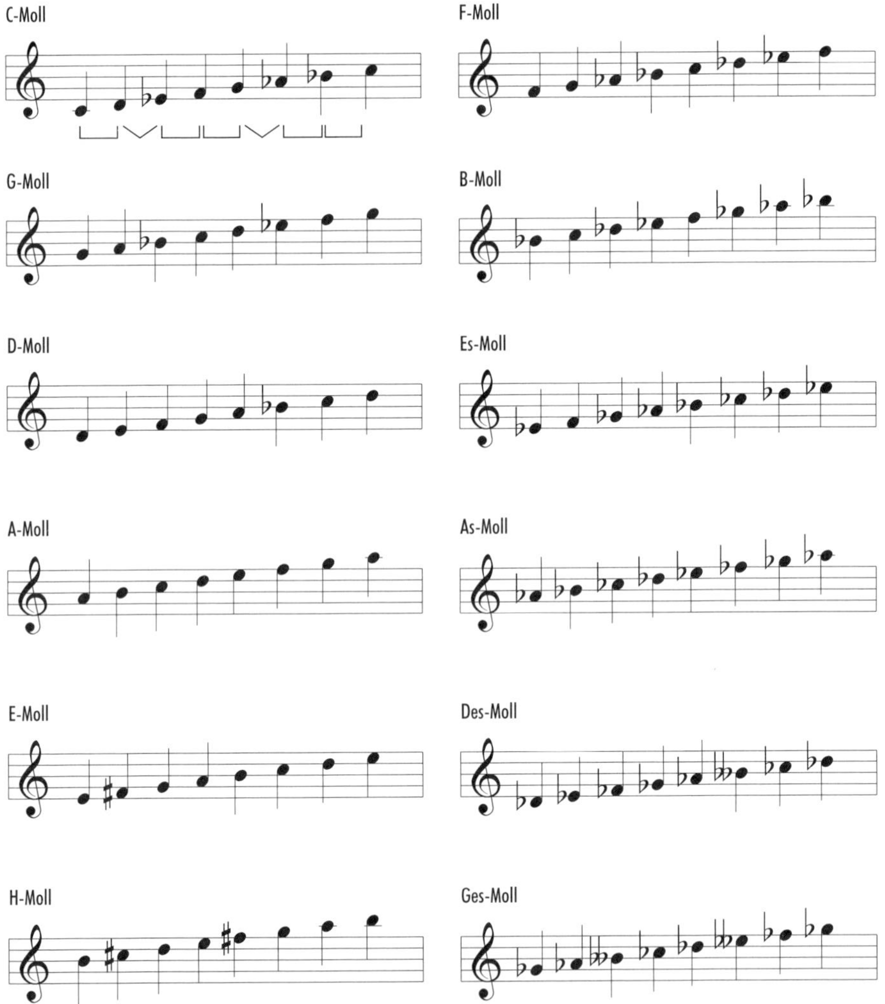

Italienische Tempobezeichnungen

In der Musik findet man häufig am Anfang eines Musikstückes eine italienische Bezeichnung für das Tempo. Im Gegensatz zu genauen Bezeichnungen wie ♩ = 120 oder 120 bpm geben diese Angaben nur einen ungefähren Bereich vor, in dem das tatsächliche Tempo liegen sollte, lassen dem Musiker also bei der genauen Festlegung des Tempos eine gewisse Freiheit.
Die folgende Liste ist keinesfalls vollständig, sondern enthält nur die in der Praxis meistverwendeten Tempobezeichnungen, mit dem Bereich, den diese Angabe umfassen kann:

prestissimo	äußerst schnell	
vivacissimo	äußerst schnell	
presto	(sehr) schnell	168-208 bpm
vivace	lebhaft	
allegro	schnell, heiter	120-168 bpm
allegretto	ein wenig bewegt, munter	
moderato	mäßig bewegt	108-120 bpm
andantino	etwas ruhig	
andante	ruhig gehend	76-108 bpm
grave	schwer	
adagio	langsam	66-76 bpm
lento	langsam	
larghetto	etwas breit	60-66 bpm
largo	breit	40-60 bpm
larghissimo	sehr breit	

Italienische Ausdrucksbezeichnungen

Ebenso wie italienische Tempoangaben findet man in der Musik oft sogenannte „Ausdrucksbezeichnungen". Darunter versteht man Angaben des Komponisten, die sich auf die Grundstimmung des Stückes beziehen.
Die Ausführung ist dem Musiker überlassen, da sich diese Begriffe nicht in messbaren Werten angeben lassen, wie es beim Tempo möglich ist.

amabile	-	liebenswürdig
appassionato	-	leidenschaftlich
arioso, cantabile	-	sanglich, singbar
brillante	-	glänzend
buffo	-	komisch
capriccioso	-	mit launischem Vortrag
dolce	-	sanft
con dolore	-	mit Schmerz
espressivo	-	ausdrucksvoll
furioso	-	stürmisch
giocoso	-	scherzhaft
grazioso	-	anmutig
maestoso	-	majestätisch
scherzando	-	scherzend

Italienische Dynamikbezeichnungen

Das Gebiet der Dynamik kann in zwei Teilgebiete unterteilt werden:

1. Die abgestufte Dynamik

Sie lebt von der Gegenüberstellung von laut (forte) und leise (piano). Innerhalb dieser Stärkegrade sind wieder vielfältige Abstufungen möglich. Die wichtigsten Lautstärkebezeichnungen sind hier aufgeführt:

fff	*fortissimo possibile*	
	fortefortissimo	so laut wie möglich
ff	*fortissimo*	sehr laut
f	*forte*	laut
mf	*mezzoforte*	halbstark
mp	*mezzopiano*	halbleise
p	*piano*	leise
pp	*pianissimo*	sehr leise
ppp	*pianissimo possibile*	
	pianopianissimo	so leise wie möglich

Häufig vorkommende Ergänzungen bzw. Variationen sind:

meno f	*meno forte*	weniger laut
più p	*più piano*	leiser
meno p	*meno piano*	weniger leise
più f	*più forte*	lauter (più = mehr)
fp, sfp	*fortepiano*	laut und sofort wieder leise
sf, sfz, fz	*sforzato*	stärker betont

2. Die Übergangsdynamik

Dieser Begriff bezeichnet das langsame, gleichmäßige Zu- oder Abnehmen der Tonstärke (allmählich lauter oder leiser werden).

Die wichtigsten Bezeichnungen sind:

lauter/stärker werdend:	*Crescendo (cresc.)*, *Rinforzando (rfz.)*, *Sempre più* ***f***
leiser/schwächer werdend:	*Decrescendo (decresc.)*, *Diminuendo (dim.)*, *Sempre meno* ***f***

Als Symbol für *cresc./decresc.* wird die sog. „Crescendo-Gabel" verwendet:

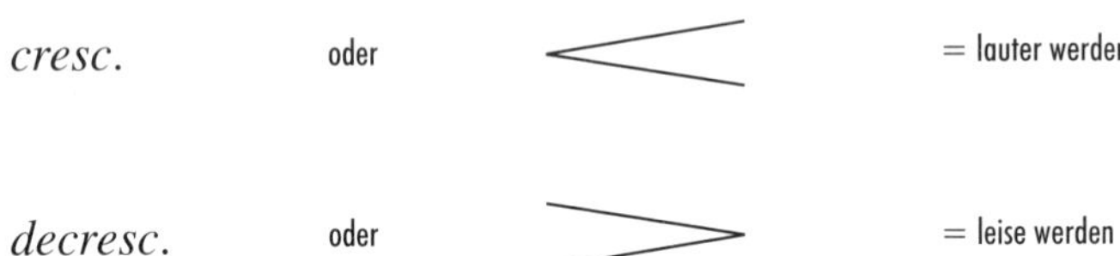

Die Grundakkorde auf der Gitarre

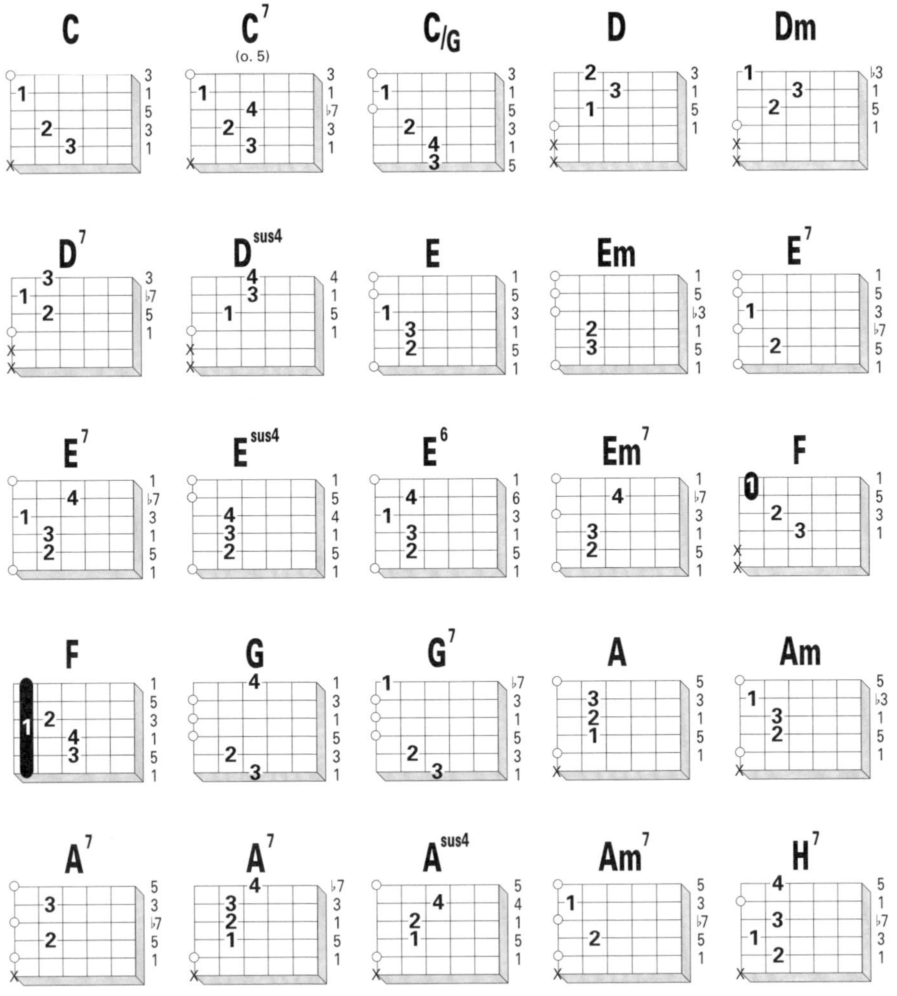

Register

Literaturhinweise

Die folgenden Bücher können für ein weiteres Studium verwendet werden und sind auch für den Selbstunterricht geeignet.

Grabner .... Allgemeine Musiklehre
Haunschild .... Die neue Harmonielehre
Heller / Puchelt .... Elementarlehre der Musik
Hempel .... Neue Allgemeine Musiklehre
Johnen .... Allgemeine Musiklehre
Jungbluth .... Jazz Harmonielehre
Kemper-Moll .... Jazz und Pop Harmonielehre
Kessler .... Einstieg in die Musik
Pfortner .... Spektrum der Musik
Schaper .... Musiklehre compact
Schneider .... Elementare Musiklehre
Sikora .... Die neue Jazz-Harmonielehre
W. Burbat .... Die Harmonik des Jazz
Weber .... Das ABC der Musiklehre
Wolf .... Die Musikausbildung
Ziegenrücker .... ABC Musik

Diese Bücher sollen nur einen Einstieg in das Studium ermöglichen. Für Musiker, die ihre Kenntnisse auf diesen Gebieten weiter vertiefen wollen, gibt es ein umfangreiches Angebot an weiterführender Literatur.